ゆで卵の殻をツルッとむく方法

ホームライフ取材班〔編〕

青春新書
PLAYBOOKS

いまさら誰も教えてくれない、調理以前の料理の㊙常識が大集合！

えっ!? そんなやり方、知らなかったけど……。料理番組で料理研究家が話す何気ないひと言、あるいはレシピ本にさらっと書かれている意外な手順に驚かされたことはないだろうか。プロの料理人はもちろん、もしかすると昔の主婦にとっても常識。けれども、意外と表立っては教えてもらえない料理の知識は数多くある。

例えば、アサリをたっぷりの塩水で砂抜きすると酸欠で死にやすい。薄切り肉を熱湯でゆでるとパサパサになる。ローストビーフは両端から焼いて肉汁の流出を防ぐ。炊飯器でごはんを炊くときは浸水しないほうがいい。干物や冷凍肉は凍ったまま焼く。ムニエルをバターだけで焼くと焦げる。すし飯を作るときは　すし酢を混ぜながらあおがない……。

本書では、レシピ本には載っておらず、料理番組でもわざわざ解説されない料理以前の知識や知恵を多数集め、イラストも交えてわかりやすく解説。手元に1冊おいておくと、料理の出来栄えがぐっと良くなるはずだ。

ゆで卵の殻をツルッとむく方法　―もくじ―

失敗する前に知っておきたい

調理の前に知っておきたい

包丁を使う前に知っておきたい

焼く・炒める・揚げる前に知っておきたい

煮る・ゆでる前に知っておきたい

仕上げる前に知っておきたい

食べる前に知っておきたい

目利きの前に知っておきたい

保存の前に知っておきたい

本文デザイン／青木佐和子
本文イラスト／瀬川尚志
編集協力／編集工房リテラ（田中浩之）

失敗する前に知っておきたい

誰も教えてくれないけれど、
知らないと大失敗して、
まずい料理になってしまう。
そういったコツ以前の㊙常識を
たくさん集めてみた。

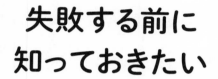

焼肉はその場で引っくり返さない

●場所を移動させないと脂臭くなる！

炭火の上にのせた焼き網で、カルビやロース肉を好みの焼き加減で火を通す。焼肉専門店で食べる焼肉は格別だ。これに対して、家で作る焼肉はどうにもまずい……。こう思っている人は少なくないだろう。

波型プレートつきのホットプレートがあるのなら、それほど不満はないかもしれない。しかし、平面プレートのみ、あるいはホットプレート自体がなくてフライパンで焼くしかない場合、焼肉専門店よりも格段と落ちる焼き上がりになりやすい。

極上とは到底いえない焼肉になるのは、脂臭くなってしまうのが大きな原因だ。店で網焼きをすると、余分な脂は下にポタポタ落ちる。また波型プレートなら脂が下にたまり、ギトギトになるのをある程度防ぐことができる。

けれども、平面プレートやフライパンで焼くと、肉からにじみ出た脂につかるよう

にして熱せられるため、どうしても焼き上がりが脂っぽくなってしまう。では、おいしく焼くのは無理かといえば、そんなことはない。

コツは簡単。引っくり返すときに、空いている場所に肉を移動するだけだ。こうすれば、余分な脂がまとわりつかないので、すっきりした味わいの焼肉になる。落ちた脂はキッチンペーパーで拭き取れば、新しい肉を焼いても脂っぽくならない。

大きくないフライパンの場合、一度に大量の肉を焼くことはできないが、焼肉は短時間で焼き上がる料理。何度かに分けて調理し、焼きたてを食べるようにしよう。

肉の表面に肉汁が浮き出てきたら、箸やトングでつまんで、空いている場所に移動して裏返す。

次に焼く肉が脂っぽくならないように、にじみ出た脂は拭き取る。

薄切り肉は熱湯ではゆでない

●熱湯でゆでると、肉汁が流れ出てしまう

薄切り肉をゆでる料理で、味の決め手となるのはゆで加減。のんびりゆでていると、うま味がどんどん抜けていくと考え、グラグラ沸いた熱湯で手早くゆでる人も多そうだ。だが、その調理法では、パサパサの味気ない仕上がりになるに違いない。

肉を熱湯でゆでると、筋繊維があっという間に硬く締まる。この作用によって、肉汁が細胞から一気に流れ出てしまうのだ。じつは、肉が固まる温度は意外に低く、65℃でもう凝固をはじめる。とはいえ、これは調理するうえでギリギリの温度なので、もう少し高い70℃程度でゆでるのがおすすめだ。こうした低めの温度の湯で肉を熱すると、筋繊維が締まり過ぎず、肉汁を閉じ込めたまま火を通すことができる。

ただし、野菜はこの程度の温度では煮えないので要注意。肉をゆでてから火を強め、湯の温度を上げてゆでるようにしよう。

ムニエルをバターで焼くのは間違い

●サラダ油と併用しないと焦げてしまう！

サケやタラなどの白身魚に小麦粉をまぶし、バターを熱して焼き上げるムニエル。上手に作れば、表面がキツネ色になって香ばしく仕上がる。しかし、なかなかそうはいかず、何回作っても表面を焦がしてしまう人がいるようだ。こうした場合、「ムニエルはバターで焼くもの」という思い込みが強いのではないか。

じつは、バターだけでムニエルを焼くのは大間違い。バターには糖分や塩分、たんぱく質などが多く含まれていることから、単体では非常に焦げやすいのだ。ムニエルを作る場合は、まずフライパンにサラダ油を入れて熱することからはじめよう。次いでバターを同量程度加えてから魚を焼くと、焦げつかせずに仕上げることができる。

バターはあくまでも、食欲がそそられるような焼き色と風味をつけるためのもの。サラダ油との併用を忘れてはいけない。

アサリは重なると砂が抜けない

●上の貝が吐いた砂を、下の貝が吸い込んでしまう

アサリは砂浜に棲息する貝なので、殻の中に細かい砂が入っていることが多い。潮干狩りで獲ってきた場合はもちろん、スーパーでパック入りを買ったときも、調理する前に砂抜きをしなければならない。

この砂抜きに失敗するケースは少なくないようだ。手順そのものはそう難しくはない。塩分3％ほどの海水くらいの塩水を作り、これにアサリを入れて、新聞紙などをかぶせて薄暗くし、1時間程度おいておく。この間、アサリが呼吸するときに殻の中から砂が吐き出され、砂抜きが無事完了するというわけだ。

にもかかわらず、いつも砂が残っている。こういった場合、最もよく見られる間違いが、丸いボウルで砂抜きをしていることだ。ボウルは底の平らな面が少ないので、どうしてもアサリが重なりがちになる。

こうした状態で砂抜きをすると、上の貝が吐いた砂を下の貝が吸い込みやすいのだ。その結果、十分砂抜きをしたつもりでも、何割かの貝では成功していないということになってしまう。

アサリの砂抜きはボウルではなく、底の平らな大きめのプラスチック製の食品保存容器やバットを使うようにしよう。これで、砂抜きが成功する確率はずっと高くなる。

適当な大きさの容器などがない場合は、ボウルの上にザルを重ねるといい。こうすれば、アサリが吐いた砂がザルの網目から下にこぼれ落ちるので、再び吸い込みにくくなる。

アサリが重ならない程度の大きな容器やバットに入れる。

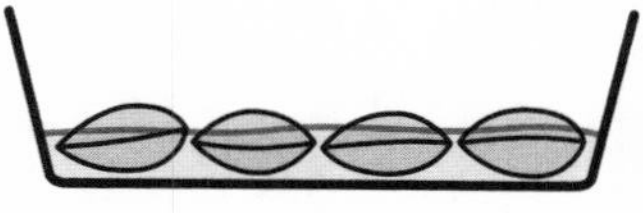

殻が少し出る程度の深さで塩水を入れる。

アサリはたっぷりの塩水につけると死ぬ！

●ひたひたの塩水でないと、酸欠になってしまう

アサリの砂抜きの失敗で最悪なのが、塩水につけておいたアサリがすべて死んでしまうことだ。ひどい場合は、水から腐臭を感じることさえある。こうなると、もう食べることはできない。

塩抜き中にアサリが死ぬ原因にはいくつかある。あまり知られていないのは、つける塩水の量が多過ぎたこと。たっぷりの塩水で砂抜きをすると、アサリが呼吸しているうちに塩水中の酸素が減り、最後は酸欠死してしまう場合があるのだ。アサリの砂抜きは、殻が少し出るくらいのひたひたの水でやるのが正解。こうすれば、アサリが呼吸をするときの動きで水が攪拌《かくはん》され、酸素が水に溶け込みやすくなる。

ほかには塩分の濃度や塩水の温度が高過ぎるといったことでも、アサリは死ぬことがあるので要注意だ。

アサリは塩を抜かないと料理が辛くなる

●砂抜き後、ザルにあげてしばらくおく

砂抜きをしたアサリで酒蒸しを作った。砂はしっかり抜けていたけれど、どうにも塩辛い。レシピを見ながら調理したので、醤油を入れ過ぎたわけではない。それなのに、なぜこんなに塩分が強いのか……。

こうした場合、下処理で抜けたのは「砂」だけで、「塩水」は残っていたのだろう。アサリは砂抜きをして、そのまますぐに調理に取りかかってはいけない。じつは、殻の中には砂抜きのときに使われた塩水が含まれたままになっている。この塩分も料理の味に追加されるので、求めた味よりも塩辛くなるのは当たり前なのだ。

アサリを塩抜きしたら、塩水から取り出して、ザルにあげて30分ほどおいておこう。こうしている間に、アサリは殻の中にためている塩水を吐くので、妙に塩辛い料理にはならないはずだ。

ゆで卵は水からゆでない

●熱湯でゆでないと、ゆで時間に誤差が出やすい

ゆで卵には大きく分けて、「水からゆでる」「熱湯に入れてゆでる」の2つの作り方がある。熱湯に入れたとき、卵の殻にヒビが入りやすいということから、水からゆでる人も多いようだ。しかし、この場合、レシピにあるようなゆで時間を守っても、なかなかその通りの仕上がりにはならない。それもそのはず、鍋の大きさや水の量、火力の違いなどによって、沸騰するまでの時間には誤差があるからだ。

思ったようなゆで具合にしたいのなら、沸騰した熱湯に直接入れたほうがいい。半熟なら6分、固ゆでなら11分程度ゆで、すぐに水にあげて氷水で冷やすようにしよう。こうすれば、何度作っても同じ仕上がりになる。

注意点は、卵を冷蔵庫から出して15分ほどおき、常温に戻しておくこと。こうしてから、スプーンなどにのせて湯に入れると、ヒビ割れはほぼ防ぐことができる。

ゆで卵は転がしながらゆでる

●転がさないと黄身が片寄ってしまう

ゆで卵を割ってみると、黄身の位置が妙に片寄っていることがある。丸のままかじりつくのなら、さほど問題はないかもしれない。しかし、半分に切ったり輪切りにしたりするともうだめだ。サラダなどにいくらきれいに盛りつけても、どうにも不細工な仕上がりになってしまう。

黄身の位置が片寄るのは、白身よりも比重がやや軽いことから、卵の内部で上のほうに移動しやすいためだ。これを防ぐには、卵を熱湯に入れたあと、1～2分の間、菜箸などを使って、ときどき軽くころころ転がしてやるといい。

こうしている間に、黄身よりも早く白身が固まりはじめる。こうなったら、もう黄身が移動することはない。卵の中心で丸く固まり、バランスのいい色合いのゆで卵ができあがるはずだ。

目玉焼きは直接割り入れてはいけない

●器に入れてから落とすと黄身が割れない

同じ卵料理でも、だし巻き卵やオムレツに比べると、目玉焼きはぐっと手間をかけずに作ることができる。

フライパンに油を少しひいて、卵を割り入れ、黄身が好みの固さになったら取り出す。こんな簡単な料理にもかかわらず、黄身が崩れてぐちゃぐちゃになり、到底、〝目玉〟には見えない仕上がりになったことがないだろうか。あるいは、黄身が崩れこそしなくても、その位置が真ん中からは随分ずれて、〝流し目〟のような目玉焼きになることはよくあるのではないか。

目玉焼きの黄身が崩れたり、位置が片寄ったりしてしまう原因は明らかだ。フライパンに卵を直接割り入れるからに違いない。

黄身は想像以上にデリケートな作りになっている。このため、落ちたときの衝撃に

よって、割れてしまうことがあるのだ。あるいは、割れないまでも、勢いよくフライパンに落とすことから、黄身の位置が本来の真ん中から大きくずれてしまう。

こうした失敗をなくすには、卵は小さなボウルや器にいったん割り入れること。このひと手間をかけてから、フライパンに落とすようにするといい。

もうひとつのポイントは、低い位置からそっと落とすこと。落とすのではなく、流し入れるという感覚で行うのがいいだろう。こうすれば、黄身が受ける衝撃はより小さくなり、内部構造が壊れないので、ふわふわの目玉焼きを作ることができる。

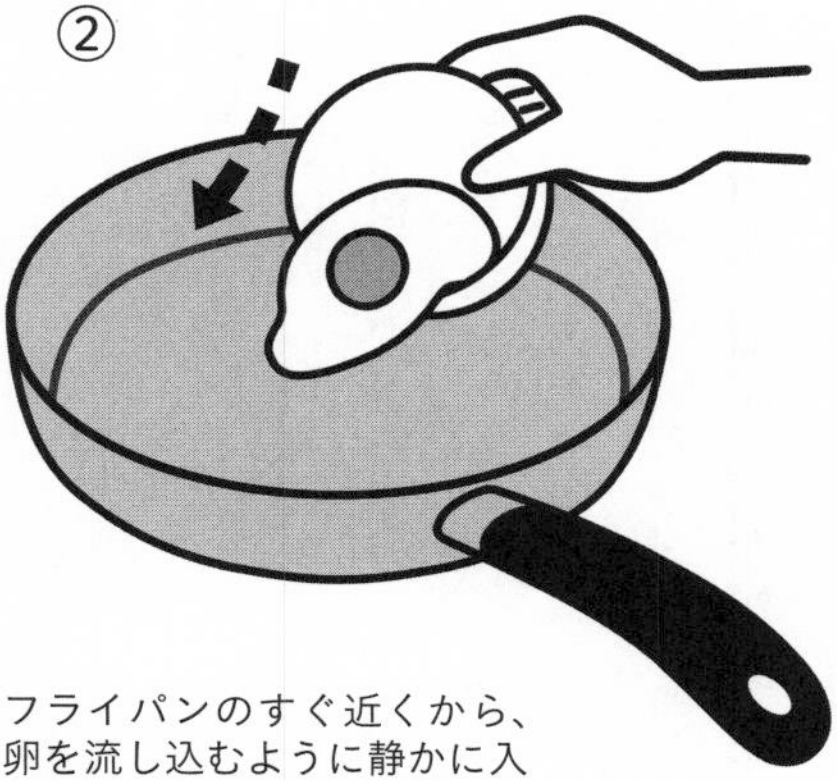

フライパンのすぐ近くから、卵を流し込むように静かに入れる。

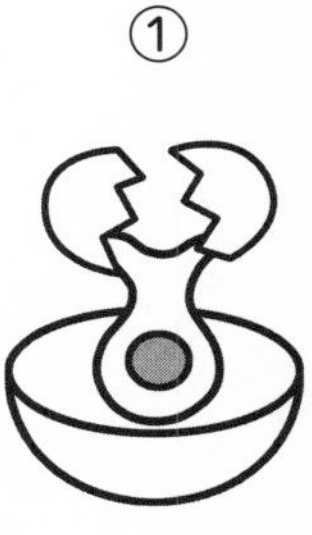

ボウルや器に卵を割り入れる。

新タマネギは水にさらさない

●水にさらすと血液サラサラ成分が流れ出てしまう

タマネギをサラダなどにする場合、スライスしたら水に短時間さらすのが通常のやり方だ。こうしないと、生食するには辛くて適さない場合が多い。しかし、新タマネギの場合は別。できるだけ水にさらさないで食べるのがおすすめだ。

タマネギに含まれる重要な有効成分が硫化アリル。これが空気に触れると、血液をサラサラにする成分に変化し、動脈硬化の予防に大きな力を発揮する。だが、この硫化アリルは水溶性なので、水にさらせばさらすほど失われてしまう。

そもそもタマネギを水にさらすのは、辛さをやわらげるため。新タマネギはそれほど辛くないので、水にさらす必要はあまりない。タマネギ独特の辛さが苦手な場合でも、ほんの短時間、水にくぐらせる程度で抑えるようにしよう。せっかくの体に有効な成分を逃がさないようにしたいものだ。

だしはミネラルウォーターが苦手

●軟水の水道水のほうがだしがよく出る

水道水は塩素の匂いが気になるので、コーヒーや紅茶はもちろん、普段の料理にもミネラルウォーターを使う。特に都市部では、こういった人は少なくないかもしれないが、料理で使用する場合には注意点がある。だしを取るときには、硬水のミネラルウォーターは使わないことだ。

ミネラルウォーターの中でも、欧州産のものはミネラル類がたっぷり含まれている硬水が多い。こうした硬水でだしを取ると、ミネラル類の働きによって、うま味成分であるアミノ酸の抽出が妨げられてしまうのだ。

鰹節や昆布などのだしを使うのは、日本料理にとっていちばんの基本。うま味成分をたっぷり抽出するには、ミネラル類の少ない軟水が最適だ。ごく普通の水道水を使うのがいいだろう。

炊き込みご飯は具を混ぜないで炊く

●混ぜてから炊くとムラが出る

鶏肉やタケノコ、ゴボウなどと一緒に炊く炊き込みご飯。炊飯器まかせで簡単にできる料理のはずが、意外にうまく仕上がらないことも少なくない。

炊き込みご飯の失敗でよくあるのが、米と具をよく混ぜてから火にかけることだ。こうすれば、米と具に均等に火が入り、ふっくらした炊き上がりになると思うのだろう。しかし、この炊き方ではご飯に芯が残ったり、べちゃついたところがあったりと、おいしい炊き込みご飯にはならない可能性が高い。

炊き込みご飯を作るときは、米の上に具をのせて炊くようにしよう。具は米よりも火が通るのが速いので、上にのせて蒸らすだけで十分だ。もちろんこの炊き方でも、米の部分は通常のご飯のように均等に炊き上がる。前もって混ぜてから炊き込むと、かえって米の火の通り方にムラが出てしまうのだ。

新米を少なめの水で炊くとまずい！

●新米も古米も水分含有量は変わらない

新米は古米と比べて水分が多いので、古米と同じような水加減で炊くとベチャベチャになる。だから、水は少なめで炊くのがいい。こういった調理の〝コツ〟を聞いたことがあるかもしれないが、実行してはいけない。

じつは、古米が新米よりも水分が少なかったのは昔の話だ。いまは保管技術などが格段に進歩しているため、古米と新米の水分含有量はともに15％程度とほぼ同じ。このため、新米を使うときにも、基本的には水加減を変える必要はない。昔のように少なめの水で炊くと、固くなってしまう可能性が高いのだ。

ただし、新米は細胞壁などが軟らかいので、水を吸いやすいという特徴があるのは確か。浸水時間は古米の半分程度にして炊くのがいいだろう。それでも軟らかく炊き上がる傾向がある場合は、水加減をやや少なめにしよう。

すし飯は混ぜながらあおいではいけない

●温度が下がり過ぎて、酢が染み込みにくくなる

家でちらしずしや握りずしを作る場合、大きなポイントとなるのはすし飯作り。何よりも酢の混ぜ方と冷まし方が重要だと、酢をかけながらせっせと混ぜ、同時にうちわでパタパタと一生懸命にあおぐ。しかし、こうして労力をかけて作ったすし飯は、酢があまり染み込んでおらず、食感もパサパサになっているだろう。

すし飯作りの際、「混ぜる」と「あおぐ」を同時にやっている人は多そうだが、じつはこの方法は大きな間違い。決しておいしいすしはできないので、これからは次のような正しい作り方で行うようにしよう。

ご飯が炊き上がり、十分蒸らしたらすし桶やボウルなどにあけて、熱々のうちに、合わせておいたすし酢をかける。このあと、うちわであおぎたくなるかもしれないが、決してやってはいけない。酢はご飯が熱いからこそ染み込んでいく。ここであおぐと

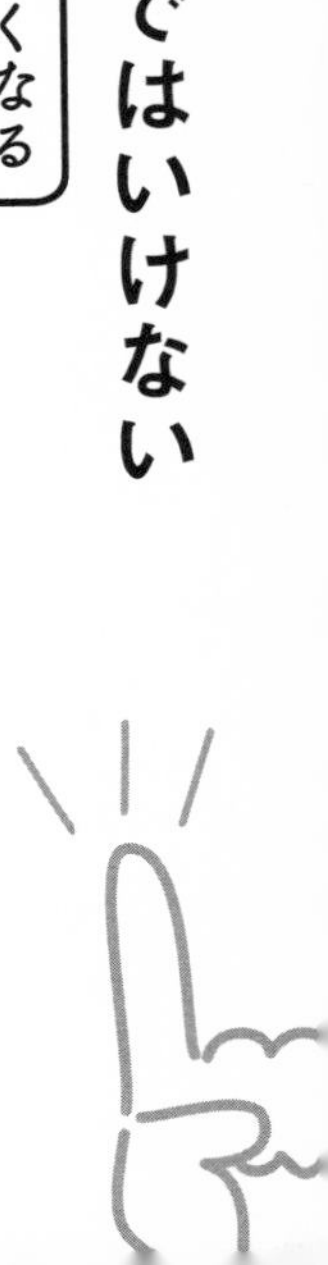

ご飯が急激に冷めて、酢が中まで染み込んでいないすし飯になってしまうのだ。

　すし酢をかけたら、しゃもじでご飯を引っくり返すように大きく混ぜる。このとき、ご飯を押さえつけてつぶさないように十分注意しよう。決して練らないで、下から上へとすくうのがコツだ。

　ご飯を満遍なく混ぜたら、ようやくうちわの出番。あおぐことによって表面の水分を飛ばし、照りを出すのだ。冷ますことが目的ではないので、軽くあおぐだけでＯＫ。扇風機を使うと楽だがＮＧだ。急激に温度が下がり、水分が飛び過ぎて固くなってしまう。

①

すし酢をかけたら、しゃもじでご飯を大きく引っくり返す。

②

すし酢が全体に回ったら、うちわであおいで表面の水分を飛ばす。軽くあおぐだけでかまわない。

ドレッシングの油は最後に混ぜる

●塩は油には溶けないのでまず混ぜておく

ドレッシングは手作りするよりも、市販品を購入するのが簡単。こう思う人は多いだろうが、ドレッシング作りは全然難しくない。ただし、あるポイントは絶対に押さえておかないと、ザラザラした口当たりになってしまう。

基本的なドレッシングの場合、材料は酢と塩、砂糖、コショウ、オリーブ油。これらを全部合わせ、泡立て器でしっかり混ぜる。これだけで一見、よくできたドレッシングになるはずだ。しかし、味わってみると、妙に口当たりが良くないに違いない。

手順が間違っているのは、オリーブ油も一緒に混ぜたからだ。塩や砂糖は油には溶けないので、まず酢にしっかり溶かす必要がある。そのうえでオリーブ油を混ぜれば、口当たりの良いドレッシングができあがるのだ。どのようなドレッシングでも、油を加えるのは最後。この順番は決して間違ってはいけない。

イカの煮物はレンチン厳禁！

●皮の下で蒸気が膨らんで爆発する！

きのう作って、鍋にまだ残っているイカの煮物。温め直すには、鍋に入れたまま火にかける、または皿に移して電子レンジで加熱するという、ふたつの方法がある。レンジでチンのほうが簡単だが、絶対にやめておこう。最悪の場合、イカがいきなり爆発して、庫内が大変なことになってしまう。

イカには水分が多く含まれているので、電子レンジで加熱すると、たくさんの水蒸気が発生する。ところが、イカの皮は水分を通さないので、水蒸気は外に逃げることができない。このため、皮の下には逃げ場のない水蒸気がどんどんたまっていく。それが限界を超えると、ついに皮が破れて爆発してしまうのだ。

表面に格子状に細かく包丁を入れておくと、爆発をある程度防ぐことができる。しかし、完全に防げるわけではないので、やはり電子レンジは使わないほうが無難だ。

豆苗は根元で切ってはいけない

●脇芽を残しておかないと再生しない

豆苗《とうみょう》はエンドウ豆を発芽させたもの。ひょろっとした芽生えの中に、β-カロテンやビタミンKをたっぷり含んでいる。栄養豊富で使い勝手が良いのに加えて、水耕栽培で再生できるのも豆苗の良さ。しかし、切り落とし方によっては、新たな芽がなかなか伸びないことがあるので要注意だ。

一度利用した豆苗の再生具合が遅い場合、切り落とす位置が低過ぎた可能性が高い。豆苗をよく見れば、豆のすぐ上に小さな脇芽が上下にふたつあるはず。早く再生させるには、成長するのがずっと速い、上のほうの脇芽も残しておく必要があるのだ。下のほうの脇芽はまだ成長する準備ができていないので、これだけを残してもなかなか伸びてこない。水耕栽培で再生させたいのなら、このふたつの脇芽をよくチェックし、両方を残すような位置で切り取るようにしよう。

調理の前に知っておきたい

鍋を買って最初にすることは?
計量スプーンの正しい使い方は?
ご飯を炊くときの正しい水加減は?
基本をちゃんと覚えておかないと、
料理どころじゃない!

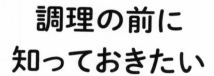

炊飯器なら米の浸水は必要なし

●いまの機種は浸水込みでプログラミング済

米は洗ってすぐに炊くと、ふっくら炊き上がらない。このため、しばらく浸水させてから炊かなくてはならない。かつては、ご飯はこのように炊くのが当たり前だった。いまでもこう信じて、しっかり浸水させてから、炊飯器のスイッチを押している人はいないだろうか。

じつは、いまの新しいタイプの炊飯器は浸水させる必要がほぼない。多くの場合、浸水から蒸らしまでのすべての工程を含めてプログラミングされているからだ。米を洗って炊飯器に入れ、目盛りまで水を加えたら、すぐにスイッチを押すようにしよう。

ただ、浸水させて炊くのが絶対にいけない、というわけではない。浸水させてから炊くと、通常よりも軟らかめに炊き上がる。こうしたご飯が好きなら、ある程度、浸水させてから炊いてもいいだろう。

炊き込みご飯はまず水のみで浸水させる

●先に調味料を加えると浸水しにくくなる

炊飯器で炊き込みご飯を炊く場合、米の浸水は必要ないからと、調味料入りの水を加えたらすぐにスイッチを押す。あるいは、土鍋で炊く場合、調味料を加えた水に浸し、十分浸水させてから火にかける。こうした作り方をしている人はいそうだが、残念ながら、いずれもおいしい炊き込みご飯にはならないだろう。

米はただの水なら短時間で吸収する。しかし、水に調味料を加えた場合、なかなか染み込んでいかないのだ。このため、炊き込みご飯を炊くとき、炊飯器でも土鍋を使う場合でも、まずはしっかり浸水させておかなければならない。

炊飯器や土鍋に米を入れて、米の量に合わせた水を加え、夏は30分以上、冬なら1時間以上浸水。それから調味料と同じ分量の水を捨て、新たに調味料を加えると、ちょうどいい。なお、炊飯器に炊き込みコースがある場合、取り扱い説明書に従おう。

大さじ1/2は計量スプーンの7分目

●半分の深さの量だと全然足りない!

塩や砂糖、醤油など、調味料の分量は正確に計ってこそ、レシピ通りの味の料理ができあがる。しかし、手早く正確に計ることができる人は意外に少ないようだ。

「大さじ1」「小さじ2」といった切りの良い分量でさえ、間違った計り方をする人がいる。塩や砂糖といった、固体の調味料を計る場合は簡単だ。スプーンに多めに入れて、ほかの計量スプーンの柄などを使ってすり切ればいい。

問題なのは、醤油や酒などの液体を計る場合だ。スプーンの縁の深さまで入れればいい、と思っている人がいるかもしれないが間違っている。正解はもっと多めで、表面張力によって少し盛り上がり、こぼれる前のギリギリの状態が「大さじ1」「小さじ1」なのだ。

「大さじ1/2」「小さじ1/2」については、カン違いしている人がさらに多そう

だ。「1／2」なのだから、スプーンの半分の深さまで入れればいい、と思いたくなるかもしれない。だが、スプーンは丸い形状をしているので、半分の深さだと「1／2」には全然足りない。醤油や酒なら、7分目の深さまで入れて、やっと「1／2」の量になる。

一方、塩や砂糖の「大さじ1／2」「小さじ1／2」を計る場合は、また違うやり方をしなければいけない。まず、多めに入れてすり切り、「大さじ1」「小さじ1」の分量にする。そして、スプーンの柄などを使い、半分の量を落として調整するのだ。

正確なやり方を覚えておき、どのレシピにも対応できるようにしておこう。

塩や砂糖の
大さじ1・小さじ1

すり切りに。

醤油や酒の
大さじ1・小さじ1

表面が少し盛り
上がった状態。

塩や砂糖の
大さじ1/2・小さじ1/2

すり切ってから、
半分を落とす。

醤油や酒の
大さじ1/2・小さじ1/2

7分目まで。

計量カップは目盛りと同じ目線で

●上から見ると少なく見える

レシピ通りの料理を作るのに、計量カップで正確な量を計ることは欠かせない。ところが、なかには間違った使い方をしている人がいるようだ。

計量カップの誤った使い方で多いのが、キッチン台やテーブルに置いて計る方法。こうすると、上からのぞき込むような状態になるので、実際の分量よりも少なく見えてしまうことが少なくない。また、計量カップを手に取って、自分の目線の高さまで上げて見る人もいる。この方法だと、水平を保つのが極めて難しいので、やはり正確な分量を計ることができない。

正しい計り方は、まず計量カップを水平な台の上に置く。そのうえで自分がしゃがみ、目線を目盛りの高さと合わせて見るようにしよう。こうすれば、正確な分量を計ることができる。

要注意！ 料理と米の1カップは違う

●料理用は1カップ200㎖、米用は180㎖

家で炊飯器を使っている場合、うちのご飯はいつも少々固い……と思っている人はいないだろうか。こうした場合、計量カップを誤って使っている可能性がある。

じつは、計量カップには2種類のものがある。ひとつは一般的な料理で使う計量カップで200㎖入り。ほかに炊飯器用の計量カップもあり、これは米を計る専用のもので、1合＝180㎖入りになっているのだ。このため、一般的な計量カップで米の量を計って炊飯器に入れ、該当する目盛りの線まで水を入れると、水の量が少し足りないことになる。固めに炊き上がるのは当たり前なのだ。米を計るときは必ず、炊飯器用の計量カップを使わなければいけない。

炊き込みご飯など、米が主役の料理を作るときも要注意。レシピの単位が「合」なのか「㎖」なのかをチェックして、分量を間違わないようにしよう。

鉄製フライパンはまず空焼き

●サビ止め塗装を焼き切ってから使う

フライパンは最近、フッ素樹脂加工のものが一般的になってきたが、強火に耐える昔ながらの鉄製の人気も根強い。ただし、鉄製はフッ素樹脂加工のフライパンとは違って、購入してさっと洗ったらそのまま使えるわけではない。加えて、焦げつきやこびりつきを防ぐために、表面に油をなじませるひと手間も必要だ。

では、新品の鉄製フライパンを使う前、どういった手入れをするのか、順を追って見てみよう。まず、流通している間のサビを防ぐため、表面に特殊な被膜をほどこしていることが多いので、これを取り除かなければいけない。

このサビ止め被膜は、強めの直火にかけて焼き続けると除去できる。塗装が焼けている間、かなりの煙が出るので、作業中は換気扇を必ず回し続けよう。10分から15分程度焼き続けていると煙は出なくなる。これで塗装ははがれたので、火を止めてフラ

イパンを冷まそう。

フライパンの熱が取れたら、食器洗い用洗剤を使って内側、外側ともによく洗い、はがれたサビ止め被膜をすべて取り除く。それから加熱し、水気を完全に飛ばしたら、油をなじませる作業に移る。

フライパンの高さの半分ほどまで食用油（揚げ油の残りで可）を入れて、3分程度加熱し、油を捨てる。それからキッチンペーパーなどで油を染み込ませるように拭いて、油をなじませよう。締めくくりは鉄臭さを取り除くための作業で、キャベツの芯やセロリの葉といった野菜クズを炒めればOKだ。

①

煙が出なくなるまで火にかけて、サビ止め塗装を焼き切る。

②

油を半分ほど入れて3分程度加熱し油を捨てる。キッチンペーパーで拭いて、表面に油をなじませる。

土鍋で真っ先に作るべきはおかゆ

●ヒビをふさいで漏れを防止する

鍋料理や湯豆腐などで活躍する土鍋。しかし、新品を買って手入れをしないで火にかけると、細かい気泡から水が漏れてしまう恐れがある。このトラブルを防ぐには、使いはじめに水漏れ防止の作業をすることが必要だ。

これを「目止め」といい、土鍋で最初におかゆを作ることで行う。おかゆに含まれているでんぷん質で細かい気泡を埋めて、水漏れを防ぐのだ。まず、土鍋を洗ったら、逆さにしてひと晩おいて完全に乾かす。まだ熱に慣れておらず、濡れたまま火にかけると、ヒビ割れが生じる恐れがあるからだ。

乾燥させたら、土鍋の八分目まで水を入れて、茶わん1杯程度のご飯を加える。本来、おかゆは米から炊くものだが、目止めの目的はでんぷん質を抽出することなので、余ったご飯から炊いてかまわない。

おかゆは必ず弱火で炊くのがポイントだ。いきなり強火にかけると、土鍋の受けるダメージが大き過ぎる。吹きこぼれないように注意し、でき上がったら火を止めよう。そのまま十分冷めるまで、数時間放置。この間、でんぷん質が細かい気泡に入り込み、水漏れを防ぐ働きをしてくれる。

おかゆが冷めたら取り除き、鍋を水洗いした後、しっかり乾燥させる。このおかゆは、もちろん食べてもかまわない。次に使ったとき、水漏れがあった場合は、でんぷん質で埋まり切らなかった気泡があることになる。完全に目止めをするため、もう一度おかゆを炊いて水漏れを防止しよう。

①

水を八分目まで入れ、ご飯を加えておかゆを炊く。炊き上がったら、でんぷん質で気泡が埋まるまで数時間放置する。

②

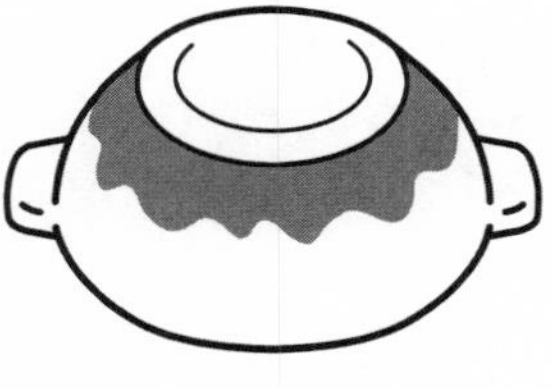

土鍋を水洗いして、逆さにしてひと晩乾かす。

「ことこと」「ふつふつ」は全然違う

●調理用語の正しい意味を知っておきたい

煮物などのレシピで、「ことこと」「ふつふつ」「ぐらぐら」という表現がされることがある。これらは、ごく当たり前に使われる調理用語。通常、レシピではくわしく説明されないので、どういうことなのか理解しておこう。

「ことこと」は弱火にかけ、煮立たせないようにして煮ることを示す。鍋の中で、具材はわずかに揺れている状態だ。「ふつふつ」の火加減は中火で、軽く煮立ち、具材はゆっくり動いている程度。「ぐらぐら」は最もわかりやすいだろう。強火にかけて、鍋の中はまさにぐらぐら煮立っており、どうにか吹きこぼれない状態を保っていることを示す。

なお、弱火とは火が鍋底に直接当たらない、中火は鍋底に火が当たるか当たらないか、強火は鍋底全体に火が当たっている状態のことをいう。

「ゆでる」「ゆがく」は大違い

●「ゆがく」は「ゆでる」よりも火を通さない

　レシピでよく出てくる表現が「ゆでる」。これに対して、よく似ているが、意味の違うものに「ゆがく」がある。このふたつの違いを知っているだろうか。

「ゆでる」は漢字で書くと「茹でる」。湯やだしなどで煮て、しっかり火を通すことをいう。ジャガイモをゆでる、卵をゆでる、うどんやパスタをゆでる、といった使われ方をする。これに対して、「ゆがく」は「湯がく」と書く。「ゆでる」ほどは火を通さず、湯の中に短時間入れて、すぐにあげる調理の仕方だ。「青菜をゆがく」など、主に野菜のアクを抜いたり、少し軟らかくしたりするときに使われる。

　湯を使う調理用語には、「ゆがく」よりもさらに短時間で湯にくぐらせる「湯通し」、ゆであがったらザルなどに取り、ゆで汁を捨てる「ゆでこぼす」といった表現もあるので覚えておこう。

鍋の吹きこぼれは菜箸でブロック

●気泡が壊れて吹きこぼれない

鍋でパスタやうどんなどをゆでていると、沸騰した湯が泡とともに浮き上がり、やがて鍋からあふれてしまうことがある。これが、吹きこぼれというイヤな現象だ。

沸き立つ鍋をずっと見続けて、吹きこぼれそうになったら火加減を調整したり、差し水を少々加えたりすると、このトラブルを避けることができる。しかし、ゆでている間、ほかの作業をしたい場合もあるだろう。

吹きこぼれは麺類をはじめ、でんぷんを含んだ食材をゆでたときにしか起こらない。ゆでるうちに、食材からでんぷんが溶け出して上昇し、湯の表面に薄い膜を張る。湯の中の空気も気泡となって浮き上がっていくが、湯面に広がった膜に邪魔されて蒸発することができない。このため、しだいに気泡が湯面を押し上げていき、ついには鍋からあふれ出てしまうというわけだ。

この吹きこぼれは、キッチンにあるものを使って簡単に防げる。菜箸を鍋の上に渡しておくだけ。こうすると、湯の表面が持ち上がってきたとき、泡が菜箸に当たることによって、次々に壊れていく。その結果、吹きこぼれそうでこぼれないという、絶妙なバランスをキープするのだ。菜箸の代わりに大きな木べらを渡しておいても、同じ働きをしてくれる。

ただし、鍋が浅い場合は菜箸が焦げる場合があり、そうでなくても鍋に触れた部分は熱くなる。また、盛んに沸騰し続けた湯の場合、湯面の上昇を抑えきれずに吹きこぼれることもあるので注意しよう。

鍋の上に菜箸を渡しておくだけで吹きこぼれない。

木べらを使っても吹きこぼれを防げる。

魚臭さはステンレスバットで取る

●臭みがイオンと反応して消えていく

魚は好きだけど、あのイヤな魚臭さは苦手……。こういった人は少なくないだろう。新鮮な魚には生臭さはないが、時間がたつにしたがって、臭みはだんだん強くなっていく。魚臭さを消す方法としては、塩や酢を振る方法が一般的だ。確かにこうした下ごしらえで臭いは軽減するものの、味わいも少々変わるのは否めない。そこで、魚の持ち味を損なわず、しかも簡単にできる臭み消しの方法を紹介しよう。

魚臭さのもととなるのは、うま味成分が細菌と化学反応を起こして生まれる「トリメチルアミン」という有機化合物。この物質は鉄イオンと反応すると、臭いが薄くなる性質のあることが知られている。これを利用して、ステンレスのバットに魚を並べ、冷蔵庫においておくのだ。1時間もたつうちに、独特の魚臭さは随分薄くなっていく。途中で裏表を返しておけば、さらに高い効果が期待できる。

大根おろしは利き手ではおろさない

●反対の手でおろせば、ふわふわに仕上がる

粒が細かくて、ふわふわの大根おろしはおいしい。しかし、家で作ったら、大きな粒のシャキシャキした大根おろしになってしまう。こう嘆いている人は、次は利き手でないほうの手を使って、回しておろしてみることをおすすめする。

利き手と逆の手で大根をおろすと、当然ながら、どうにも力が入らない。しかも、前後に強く動かすのではなく、円を描くように回しておろすとなおさらだ。こうすると、大根おろしの刃に大根が深く食い込まないので、細かくてふわふわの大根おろしを作ることができるのだ。

一方、ふわふわとは逆に、粒の荒いジャキジャキの大根おろしが好みなら、利き手で大根を持ち、前後に力強くおろすといい。刃の奥まで大根が食い込むので、粒の大きな仕上がりになる。ただし、水分も多く出るため、水を切って食べるようにしよう。

グラタン皿の底は水を拭き取らない

●バターを塗る方法よりも焦げつかない

焼けたホワイトソースの味わいが魅力のグラタン。大人にも子どもにも人気のメニューだが、作る側にとってはひとつ面倒な点がある。グラタン皿の底が焦げつき、洗って落とすのに苦労する場合があるということだ。

この焦げつきを防ぐため、グラタン皿の底にバターを薄く塗る、というレシピがよく見られる。けれどもバターを薄く広く引き伸ばすというのは、意外に手のかかる作業だ。じつは焦げつきをなくすには、苦労してバターを塗る必要はない。グラタン皿を軽く洗って、底に水滴がついたままの状態で使ってみよう。こうすれば、底の温度が急激に上昇しないので焦げつきにくくなる。

バターを塗っておくと、味わいが深くなるともいわれるが、そもそもホワイトソース自体にバターはたっぷり入っている。底に薄く塗るだけでは大した効果はない。

卵の泡立てはアク取り器で

●泡立て器で混ぜるよりもクリーミーに

卵の卵白をメレンゲにする、あるいは生クリームを泡立たせる場合、泡立て器を使ってせっせと混ぜる人が多い。しかし、この作業はけっこう大変。見た目がツヤツヤになり、ツノが立つまで混ぜ続けなくてはいけない。

こうした卵や生クリームを泡立てるのには、泡立て器よりも有効な器具がある。それは、細かい網が貼られているアク取り器。泡立て器を使った場合、卵を混ぜてツノが立つまでに５分程度かかるが、アク取り器で行うと、わずか１分余りでふわふわのメレンゲができ上がる。

しかも、泡立て器は力を入れて混ぜなければいけないが、アク取り器ならさほど力は込めなくてもいい。ボウルの底をなでるように回すだけでＯＫだ。これだけで見る見る混ざっていき、泡立て器を使ったときよりもクリーミーな仕上がりになる。

卵を片手で割るのは難しくない

●フォークボールの握りで持つのがコツ

卵を割るときには、殻にヒビを入れたあと、両手で持って器やフライパンに割り入れるのが一般的なやり方だろう。一方、テレビで見る料理人や料理研究家は、片手だけで器用に割ることができる。

あんな卵の割り方はプロでないとできない、と思ってはいないだろうか。しかし、ポイントをつかめば割合簡単にマスターすることができる。鮮やかな手つきで卵を割って、家族や知人を驚かせてみよう。

卵を片手で割るには、通常とは違う持ち方をする必要がある。野球に興味がある人なら、「フォークボールの握り」といえばイメージできるだろう。フォークボールは人差し指と中指を開いてボールをはさみ、親指で側面のやや下側を握って投げる。この握り方で、卵を縦に持つのだ。

卵の持ち方では、上下をどうするのかも肝心。尖っているほうを上に、ぷっくり丸いほうを下にして持つと、指を動かしやすくなる。指に力は入れないほうがいい。親指と人差し指、中指だけに意識を集中して、軽く握るようにする。動かすのはこの3本の指で、薬指は卵の側面に添えているだけだ。

いちばんのポイントは指の開き方。中指と人差し指、親指を外側に向けて開き、卵の中身を押し出すようにするのだ。ジャンケンの「グー」から「パー」を出すようなイメージ。こうすると、割れた殻が手の中に残り、中身だけが飛び出していく。何度か練習すれば、できるようになるはず。思い切って指を開くのがコツだ。

①

尖ったほうを上にして、中指と人差し指を開いて持つ。

②

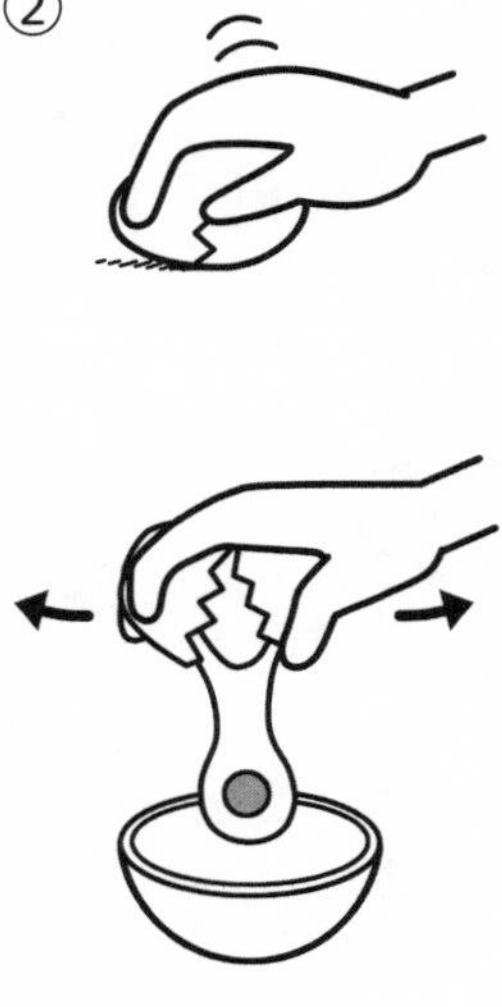

卵の中心にヒビを入れて、中指と人差し指、親指を一気に開くようにして、卵の中身を押し出す。

肉や魚の解凍は氷水がベスト

●鮮度を保ちながら解凍され、ドリップもわずか

肉や魚が安いとき、多めに買って冷凍し、必要に応じて解凍して使えば、家計の面で非常に助かる。ただし、解凍の方法にはいろいろなものがあり、どのやり方がベストなのか迷ってしまう人も多いだろう。

手軽なやり方で、時間も少なくて済むのは、電子レンジを使うことだ。しかし、この方法は解凍具合にムラが出やすく、ところどころ加熱され過ぎてしまうことも少なくない。加えて、流れ出るドリップも多く、味わいが落ちるという欠点がある。

ドリップとは何か、簡単に説明しておこう。細胞内の水分が凍ると膨張し、細胞壁が壊れる。解凍すると、こうした水分が外に流れ出てくるのだ。このドリップが多いほど、うま味も栄養も失ってしまう。このため解凍時には、ドリップをいかに抑えるかがとても重要になってくるわけだ。

電子レンジに次いで早く解凍できるのは、流水にさらすことだ。これなら20分程度で解凍できるが、水を出しっぱなしにするのはあまりにももったいない。また、冷凍庫から冷蔵庫に移すこともよく行われている。低温でじっくり解凍させるため、ドリップは少なくて済む一方、時間がかかり過ぎるのが欠点だ。

思い切って冷蔵庫から出し、キッチンにそのままおいて自然解凍させるという方法もある。手軽な解凍方法だが、室温が高い季節には、食中毒の恐れがあるのであまりおすすめできない。

解凍の方法でベストなのは、氷水につけて行うやり方だ。凍っているものを氷水につけて解凍できるのか？と思うかもしれないが、じつは解凍に最も適している温度は0度前後とされている。これはまさに氷水解凍の温度帯なので、鮮度を保ちながら解凍することができるのだ。

出てくるドリップの量も、冷蔵庫解凍と並んで最も少なくて済む。ただし、解凍されるまでに1時間半から2時間弱ほどかかる。夕食の支度で最初に取りかかるなど、早めに処理するようにしよう。

固まった砂糖は濡らしてほぐす

●ガチガチになるのは乾燥が原因

砂糖が容器の中で、カチカチに固まったことはないだろうか。なかでも固まりやすいのは、最も一般的に使われている上白糖だ。これは砂糖が乾燥したのが原因。上白糖は砂糖の結晶の表面に糖液をコーティングし、くっつきにくいように仕上げられている。乾燥すると、この糖液中の糖分が小さな結晶に変化し、砂糖の結晶をつなぎ合わせて固まってしまうのだ。

原因は乾燥なのだから、対処の仕方としては湿らせるのがいちばん。砂糖をビニール袋などに入れ、霧吹きで数回プッシュ。適度に湿らせ、口を縛って数時間おいておけば、糖液が再び水分を取り戻し、もとのようにほぐれていく。水分を与え過ぎると、今度は砂糖が溶けてしまうので注意しよう。固まったのが500g程度なら、霧吹きを2〜3回吹きかければいいだろう。

器に入った卵の殻は濡れた指で取る

●表面張力で指にくっつき簡単に取れる

卵料理を作ろうと、ボウルなどに割り入れたとき、殻の破片が混ざり込んでしまうことがある。指や箸でつまんで取り出そうとすると、もう少しでつまめるというときにスルッと動いて、なかなかうまくいかない。

しかし、次からは卵の殻が混ざっても、もうイライラしなくても大丈夫だ。指先をちょっと濡らして殻を押し、上に持ち上げるといい。不思議なことに、殻は指先にくっつき、そのままついてくる。

そもそも指や箸から殻が逃げるのは、卵白と殻の間で、互いに引っ張り合う表面張力が生まれるからだ。これに対して、指先を濡らすと、水と殻の間にも表面張力が生まれる。コップになみなみと注いだ水が縁から盛り上がるように、水の表面張力は非常に強い。このため、殻は濡れた指に引っ張られて上がってくるというわけだ。

コショウが瓶底で固まっても捨てない

●ほかの瓶底とこすり合わせるとほぐれる

コショウなどの粉状の香辛料が入っている小瓶は、残った少量が底で固まってしまうことがある。こうした場合、軽く振るだけでは出てこない。とりあえず、テーブルに瓶の底を打ちつけてみて、これで出てこなかったら捨てるしかない……と思う人は少なくないだろう。

しかし、捨てるにはまだ早い。ほかの香辛料が入った同じような小瓶があれば、互いの底を合わせて、ガリガリこすってみよう。

こうした小瓶の底の周囲には、滑り止めのためにギザギザが入っている。このギザギザをこすり合わせることにより、細かい振動が同じ周期で発生。これが瓶の中の固まった香辛料に伝わり、共鳴して振動するようになり、ほぐれることが多い。力は入れる必要はなく、軽くこするだけでいいので簡単だ。

包丁を使う前に知っておきたい

くし形切り、乱切り、みじん切り。
いろいろな切り方が
できるようになるのは大事だが、
それよりも前に、
知っておくべきことがある。

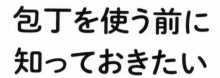

ソーセージには切り込み不要

●切り込みを入れると肉汁が逃げる

ソーセージを焼くときは、切り込みを入れる人が多いだろう。火が通ると、切り込みから皮がめくれて、かわいい仕上がりになる。しかし、見た目ではなく、味わいの面だけから考えると、ソーセージに切り込みは必要ない。

焼いたソーセージの醍醐味は、噛んだときに皮が弾けて、肉汁が一気にジュワッと飛び出してくるところだ。ところが、切り込みを入れておくと、焼いている間にそこから肉汁が逃げてしまう。せっかくの肉のうま味が失われるので、じつにもったいないことなのだ。

ソーセージは切り込みを入れずに、しかも弱めの火加減で焼くのが正解だ。強火で焼くとすぐに皮が弾けて、切り込みを入れた場合と同じように、肉汁が流れ出してしまう。皮が弾けないように、ごろごろ転がしながら焼くようにしよう。

トーストは切り方で食感が変わる

●横切りはソフトな食感、縦切りはもちもちに

食パンは1斤《きん》（立方体に切ったもの）を買って、好みの厚さに切り分けて食べる。こういった大のパン好きの人に尋ねたい。普段、どのような切り方をしているだろうか？　じつは、食パンは切る方向によって食感が随分変わる。多くの場合、切って売られている食パンのように、端の白い面に平行にカットするのではないか。こうして切ると、ふわふわした優しい口当たりが楽しめる。一方、普通の向きから90度回して切ると、もちもちした食感になるのだ。

こうした異なる食感は、気泡の入り方による。前者の切り方では気泡がまっすぐに入っているため、口当たりが優しい。これに対して、後者では気泡が渦を巻くように入るので、より複雑で噛みごたえのある食感になる。自分や家族の好みによって、切り分けてみよう。

赤身と白身の刺身は同じように切らない

●身の締まり方で厚みを変えるのがコツ

魚の鮮度は、包丁が入るととりわけ低下していく。刺身を食べたい場合、できればサクや丸魚を買うのがおすすめだ。包丁を入れる際には、マグロやカツオなどの赤身と、タイやヒラメといった白身では切り方を変えるようにしよう。

赤身魚は大海原を移動する回遊魚。持久力が必要なので、筋肉に酸素を取り込むときに必要なミオグロビンというたんぱく質が多い。身が赤く見えるのは、このミオグロビンが赤い色素を持つためだ。これに対して、白身魚は狭い海域で暮らし、長時間泳ぐ必要がない。このため、筋肉にミオグロビンが少ないことから身が白い。

赤身と白身の肉質の違いは、含まれているコラーゲンの量によるところが大きい。少ないのは赤身で、多いのは白身だ。コラーゲンは弾力性のある物質なので、赤身はもっちり軟らかく、白身は締まって歯ごたえがある。

　軟らかい赤身は、薄めに切ったら歯ごたえがなくて物足りない。そこで、1㎝程度の厚めの平造りにするのがいい。こうすれば歯ごたえも楽しめ、赤身ならではのうま味も感じられる。一方、白身を厚く切ったら固くて食べづらい。赤身の半分ほどの厚さのそぎ造りにすることにより、適度な食感を楽しめるようになる。

　なお、アジやサバなどのいわゆる青魚は、ミオグロビンがかなり少ないタイプの赤身魚で、ブリは赤身魚と白身魚の中間あたり。これらは厚過ぎず、薄過ぎずの厚みで切るのが向いている。また、じつはサケは白身魚だが、身が軟らかいので厚めに切ろう。

赤身魚は平造り

包丁を少しだけ傾け、1cm幅程度に厚く切る。

白身魚はそぎ造り

包丁を斜めに寝かせて、そぐように5mm程度に薄く切る。

※右利きの場合、平造りはサクの右から、そぎ造りは左側から切る。

赤身の刺身は筋と直角に切る

●白身は筋の流れが複雑なので気にしない

魚のサクは筋肉の固まりだから、当然、筋繊維の流れがある。この体の構造を利用して、食感の良い刺身を作るようにしよう。

赤身魚、とくにマグロの仲間は筋繊維がはっきりしている。サクをよく見れば、白っぽい筋が何本も入っていることがわかるだろう。刺身にするときは、この筋の流れに対して、直角になるように包丁を入れよう。こうすれば、筋繊維が断ち切られるので、口当たりの良い刺身になる。これとは逆に、筋と同じ方向に包丁を入れると、食感の悪い刺身になってしまう。

一方、白身魚は多くの場合、サクの中で筋繊維が「くの字」型に流れている。こうした複雑な流れのため、筋を直角に切ってそろえることは難しい。赤身魚とは違って、筋繊維のことは気にしないで切り分けてかまわない。

魚のウロコ取りはペットボトルのキャップで

●弾力があるので包丁よりも楽

魚をまるのまま1尾で買った場合、ウロコ取りという、ちょっと面倒な作業をしなければならない。料理人は包丁を使って、ウロコをそぎ落とすように取る。しかし、家庭のシンクは広くないので、こうすればウロコが周囲に飛び散りがちだ。

そこで包丁ではなく、手軽に扱えるウロコ取り器を使う人も多いだろう。これでも問題はないのだが、ウロコ取りをするのに道具をわざわざ買う必要はない。ごく普通のペットボトルのキャップを使ってみよう。へこんでいるほうを当てて、尾から頭のほうに滑らせるだけでいい。ペットボトルのキャップは適度な弾力があるプラスチック製なので、じつは包丁よりもスムーズに動かすことができる。

取れたウロコがへこんだ部分にいったん入り、飛び散りにくいのもうれしい点だ。次からウロコ取りはこの方法で試してみよう。

ささみの筋は包丁の背でそぐ

●刃を当ててそぐと途中で切れやすい

鶏胸肉と並んで、肉の中でも格別ヘルシーなささみ。和え物をはじめさまざまな料理に使えるが、面倒な点がひとつある。下ごしらえの際に、白くて固い筋を取らなければいけないことだ。この筋取りは、料理の初心者にとってけっこう厄介な作業。はがしている途中で切れたり、筋に肉がごっそりついて取れたりもする。そういったことのないように、上手な筋取りの仕方をぜひ覚えておこう。

ささみの筋取りをするとき、いきなり筋に包丁を当てて引いてはいけない。筋だけがはがれやすいように、まずはその両側に切り込みを入れるようにする。このとき、深く包丁を入れたら、筋を取ったあとの形が崩れてしまうので、ごく浅い切り込みにとどめよう。長さはささみの半分ほどでいい。包丁を長く入れ過ぎたら、やはり形が崩れるもととなる。

次に筋の先をつまみ、そのすぐ上に包丁を少し入れて筋を伸ばし、持ちやすくする。ここからが本番で、包丁の刃ではなく背の部分を使う。背を筋の上に当て、前後に細かく動かしながら、筋が肉からはがれるまで動かしていく。筋が滑ってつかみにくい場合は、キッチンペーパーで挟んでつまむといいだろう。

ささみの筋取りには、割っていない割り箸の間に筋を挟んで、あるいはフォークの根元部分に引っ掛けて引っ張る方法もある。しかし、こうしたやり方では、筋と一緒に肉もはがれやすい。包丁を使う基本のやり方をマスターするのがおすすめだ。

①

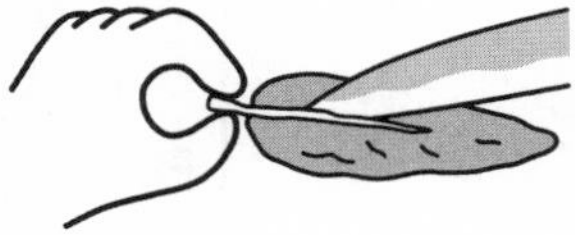

筋の両脇に浅く切り込みを入れる。

②

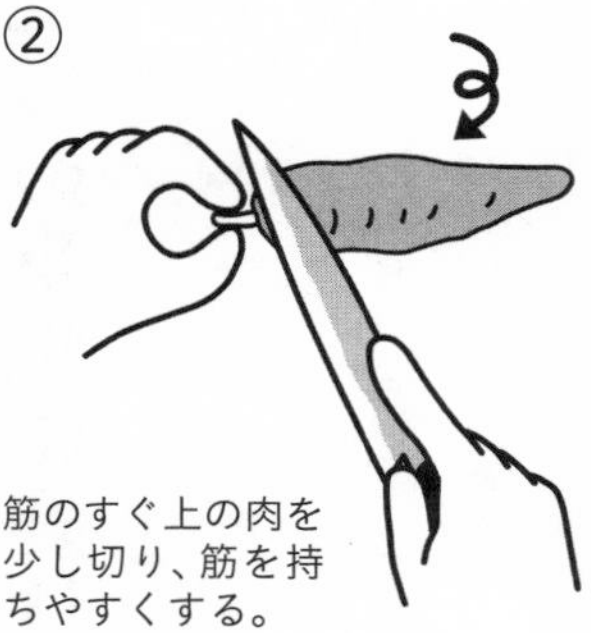

筋のすぐ上の肉を少し切り、筋を持ちやすくする。

③

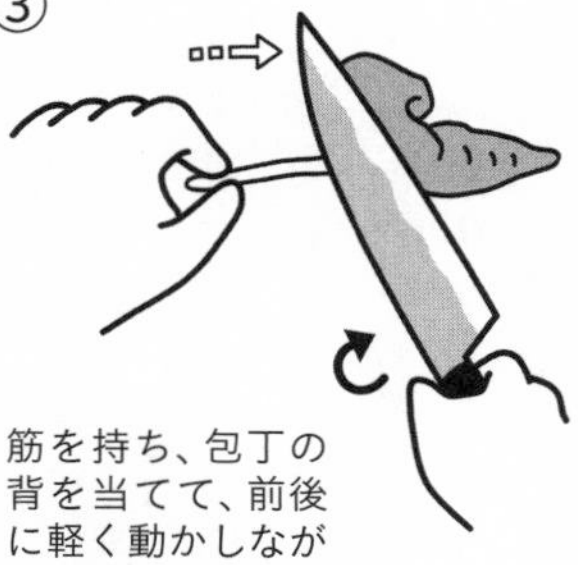

筋を持ち、包丁の背を当てて、前後に軽く動かしながらしごいていく。

豆腐の水切りは重しの重量に要注意

●重過ぎると形が崩れてしまう

豆腐は水分が90％近くを占める食材なので、そのままで調理をすると、どうしても水っぽい仕上がりになる。煮たり炒めたりする場合は、前もって水切りをしておくことが大切だ。

味つけする前に水分をある程度抜いておくと、味の染み込みがぐっと良くなる。また、固さが増すことによって、型崩れを起こしにくくなり、料理がきれいに仕上がるというメリットもある。そのまま冷ややっこで食べるときも、軽く水切りしておくといい。うま味が濃縮されて、大豆の味わいを舌で一層感じることができる。

水切りにはいろいろな方法がある。基本となるのは、豆腐をキッチンペーパーに包み、重しをのせておく水切りの仕方だ。作る料理によって、水切りの時間は変わる。白和えなら水分がある程度残っていたほうがおいしいので、30分ほどおいておけばい

いだろう。一方、豆腐ステーキやゴーヤーチャンプルーなどの場合は、水気をしっかり抜いておきたいので、重しを1時間以上のせておこう。

この水切りの仕方で注意したいのは、上にのせる重しの重さ。当然、重量のあるほうが豆腐にかかる力が大きく、水が抜けやすいのだが、軟らかい絹ごし豆腐の場合、形が崩れてしまうことがある。

水切り中につぶれるのを防ぐため、重しは豆腐と同じ程度か、やや重いくらいの重量のものを選ぶようにしよう。底が平たい皿やバットを重ねるか、バットの上に小さな皿をいくつか置いて、重量を調節するのがいいだろう。メーカーや豆腐店によって、豆腐の固さはかなり異なるので、注意しながら重さを増していこう。

豆腐の水切りには、もっと短い時間でできる方法もある。キッチンペーパーを巻いて耐熱皿に入れ、電子レンジで加熱するやり方だ。加熱後、しばらくおいておくと、さらに水分が抜けていく。とても手軽な水切りの仕方ではあるが、行う場合は十分な注意が必要だ。急激に加熱されるので、豆腐にスが入ったり、表面が色づいたりすることがよくある。長い時間は加熱しないほうがいいだろう。

麻婆豆腐用の水切りは切り分けてから

●さっとゆでると水が早く抜け出ていく

豆腐を使った代表的な中華料理、麻婆豆腐を作るときも、豆腐は必ず水切りしてから作らなくてはいけない。このひと手間を怠ると、炒めているうちに豆腐から水分がにじみ出てきて、水っぽい仕上がりになってしまう。

麻婆豆腐にするときの豆腐の水切りは、使う大きさに切り分けてから行うのがコツだ。断面が大きくなるので、そのままの形で水切りをするよりも、水分が一層出やすくなる。切り分けたらペーパータオルにのせておくだけでもいいが、さっとゆでるともっと効果的だ。ゆでている間だけではなく、ザルにあげて冷ましているときにも水分が抜けていく。

ゆでて水切りする場合、湯を決して沸騰させないことが肝心だ。湯の温度が高過ぎると、豆腐にスが入って、料理が台無しになってしまう。

キュウリは木べらを押し当てて割る

●全体がヒビ割れて種が取りやすい

キュウリを叩いて、ゴマ和えなどにして食べるたたきキュウリ。夏に食べたいさっぱりした料理で、汗で失われた水分やミネラルも補給できる。このたたきキュウリは、破片が飛び散らないようにキュウリをビニール袋などに入れて、めん棒などで叩いて作るのが基本だ。

ただ、キュウリの中には種が大きくて、口当たりの良くないものもある。こうした種の食感が嫌いなら、別の叩き方をしたほうがいいだろう。やり方は、めん棒で叩く方法よりも簡単。キュウリをまな板にのせて、その上に木べらをかぶせて手を当て、ぐっと一気に体重をかけて押しつぶすのだ。

こうするだけで、キュウリ全体にヒビが入る。これを適当な大きさにちぎり、口当たりの悪そうな種を落として和え物にしよう。

タマネギはまず横半分に切る

●粒のより細かいみじん切りになる

タマネギのみじん切りは難易度こそ高くないものの、細かい粒にするのはなかなか難しい。粒がやや大きめなのが気になって、仕上げの二度切りをすることもあるのではないか。しかも、切れば切るほど、目が痛くなっていく。こうしたことから、料理は好きだけれど、タマネギのみじん切りだけは嫌いという人もいそうだ。

タマネギをみじん切りにする方法にはふたつある。ひとつは多くの人が実行していると思われるもので、まずタマネギを縦に二等分する切り方。粒が大きめになり、目も痛くなりやすいのはまさにこの方法だ。

おすすめしたいのは、意外に知られていないもうひとつのやり方。最も大きなポイントは、まずタマネギを縦ではなく、横半分にすることだ。ここからは、縦半分にするときの切り方と同じ。奥側まで切らないように注意して、まず縦方向に切り込みを

入れ、次は水平方向に2段の切り込みを入れる。それから、先ほどの縦方向と直角に切り、みじん切りにしていく。

この方法が優れているのは、多くのタマネギは、縦よりも横に長い扁平な形をしているからだ。このため、横半分にすると、縦半分にしたときよりも高さがないため、みじん切りの幅が狭くなる。

高さがないため、包丁を使いやすいのもメリットだ。包丁が動かしづらいと、タマネギの繊維をつぶしがちになり、その分、目が痛くなる成分も揮発しやすくなる。ぜひ、これからは横半分からはじめる切り方で行ってみよう。

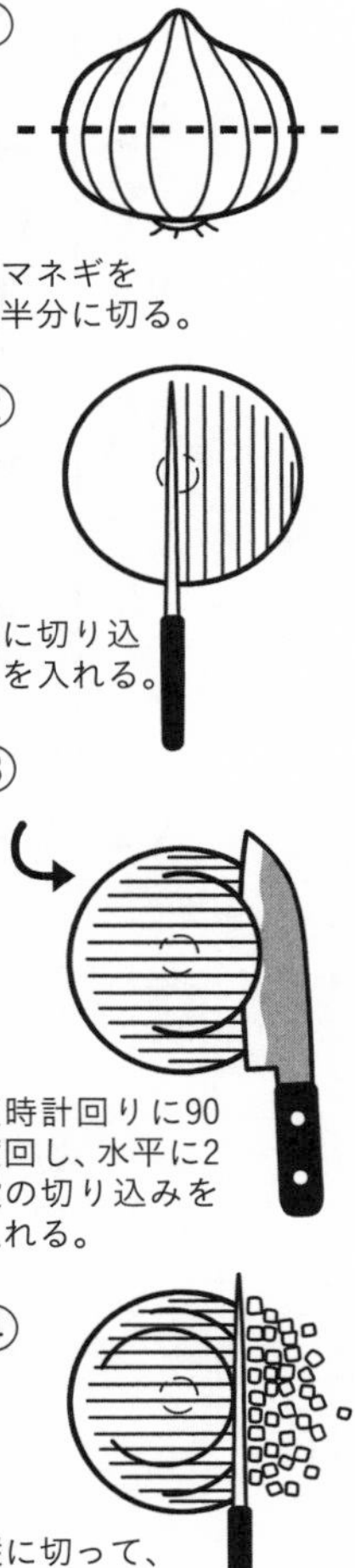

①
タマネギを
横半分に切る。

②
縦に切り込
みを入れる。

③
反時計回りに90
度回し、水平に2
段の切り込みを
入れる。

④
縦に切って、
みじん切り
にする。

タマネギは冷やしてから切る

●涙のもとの刺激成分が揮発しにくくなる

タマネギを切ると、目が痛くなって涙がポロポロ……。これはタマネギに含まれる香味成分、硫化アリルが化学反応を起こし、目を刺激する物質を揮発させるからだ。なんとか、この刺激を少なくする方法はないものだろうか。

じつはこの刺激性の物質は、低温下では揮発しにくくなる。そこで、切る前にタマネギを十分冷やしておこう。冷蔵庫に1時間ほど入れておくといいが、出してすぐに切らないと、冷やした効果は低くなってしまう。できるだけスピーディーに作業をするようにしよう。

冷蔵庫ではなく、冷凍庫に10分程度入れておくと、目に対する刺激は一層少なくなる。ただし、凍らせると包丁が滑って危険。食感も変わることがあるので、冷凍庫に長い時間、入れ過ぎるのは禁物だ。

タマネギは包丁を滑らせて切る

●押し切りすると、涙がポロポロ…

涙を流さないでタマネギを切るには、包丁の使い方も重要だ。繊維を断ち切らずに、細胞をぐちゃぐちゃにつぶしてしまうと、目を刺激する成分はより多く揮発する。できるだけ、スパッと切るようにしよう。

切れ味を良くするための基本は、包丁をよく研いでおくこと。これだけでも、目に対する刺激は変わってくるものだ。切り方も重要で、包丁を押しながら切ると、繊維がつぶれやすくなる。力を入れないで、包丁を滑らせるように切るのがコツだ。

切る向きも、刺激の強さと大きく関係する。涙が出やすいのは、繊維の流れと直角の横の方向に切るとき。細胞がより大きく破壊されるので、刺激物質も多く発生してしまう。一方、繊維に沿って縦方向に切ると、目に対する刺激は少し軽くなるはずだ。みじん切りにするときは、とにかく早く切り終えるようにしよう。

ピーマンの切り方は料理次第

●炒め物は縦切り、サラダは横切りがおすすめ

ビタミンCやβ-カロテンをはじめ、栄養をたっぷり含んでいる緑黄色野菜のピーマン。料理のバリエーションも豊富で、炒め物はもちろん、薄切りにすれば生食でサラダにも使うことができる。

このピーマンの切り方には、大きく分けて「縦切り」「横切り」のふたつがある。縦のほうが切りやすいから、あるいは、横に切るとかわいいから。こうした理由で切り方を選んでいる人がいるかもしれないが、考えを改めたほうがいい。料理によって切り方の向き不向きがあるので、しっかり覚えておこう。

切り方で問題となるのは繊維の形。ピーマンはヘタからおしりに向けて、縦の方向で繊維が流れている。このため、縦に包丁を入れると、繊維を断ち切ることなく切り分けることになる。

こうして切ると、繊維がそのままの形で残るので、適度な歯ごたえを楽しむことができる。炒め物や揚げ物といった加熱する料理の場合、この縦切りを基本としたほうがいいだろう。

これに対して、横に切ると、繊維がスパッと断ち切られる。縦切りと比べると、かなり優しい口当たりになるので、サラダで生食するのにぴったりだ。ただし、細胞が壊れて中の成分が流れ出すことにより、ピーマン独特の苦みは若干強くなる。

ピーマンの表面はツルッとして滑りやすいので、縦切りにする場合は、必ず内側を上にして切ろう。

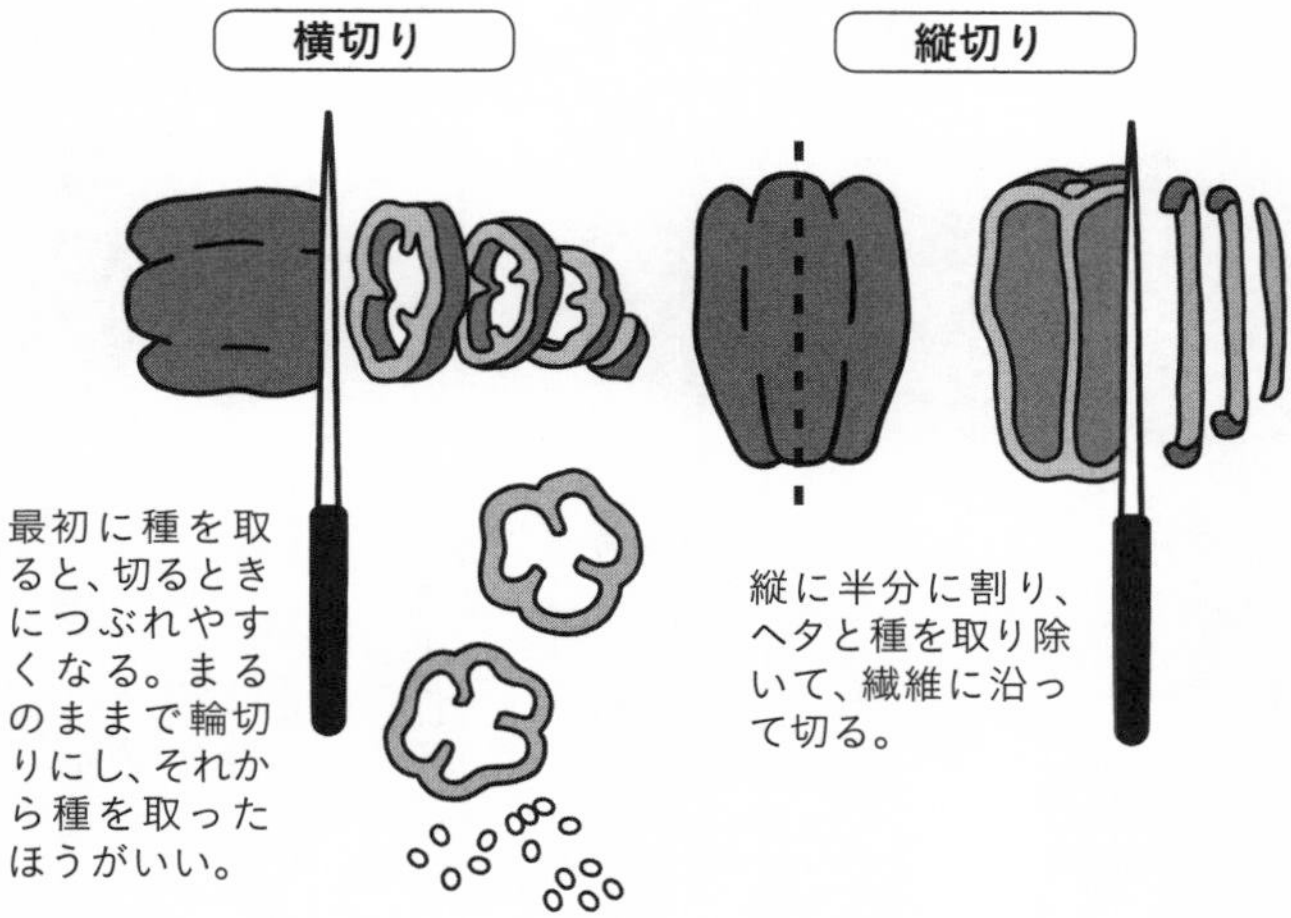

最初に種を取ると、切るときにつぶれやすくなる。まるのままで輪切りにし、それから種を取ったほうがいい。
縦に半分に割り、ヘタと種を取り除いて、繊維に沿って切る。

ピーマンのヘタ取りに道具はいらない

●親指を当てて押し込めばポコッと取れる

ピーマン料理を作るときは、まずヘタと種を取らなければいけない。この作業は手間がかかって面倒……と思う人が少なくないようだ。

縦半分に切って、包丁でヘタを取り除き、種をつまんで捨てる。こうして取り除くことが多いだろうが、じつはもっと簡単にできる方法があるので、ぜひ試してみよう。道具は何も使わず、親指をヘタの部分に当てて、ぐっと押すだけ。こうすると、「ポンッ」という気持ちのいい音とともに、ヘタが種ごとはずれる。

はずれたヘタはピーマンの中に入り込むが、半分に割ったら取り出すのは簡単だ。まるのまま指を差し入れてつまむか、箸などを使って取り除いてもいいだろう。この形を活かせば、1個まるごと使ったピーマンの肉詰めといった、目を引くボリューミーな料理もできる。

まるのカボチャをヘタごと切るのはNG

●ヘタを避けるか、取り除いてから切る

　カボチャは皮が硬いので、切るのはなかなか厄介。まるのカボチャを切る場合、決してヘタごと切ろうとしてはいけない。ヘタは非常に硬いので、切るのは難しいうえに危険が大きいからだ。ヘタの脇に包丁を当てて、刃全体を押し下げて切ろう。より安全策として、ヘタを取り除いてから切る手もある。まず、ヘタの周りに包丁を斜めにぐっと何度も差し込み、最後は刃先で押し上げて取り除こう。次はヘタがあった部分に、包丁の先を斜めに深く差し込む。黄色い中身は軟らかいので、楽に差し込めるはずだ。そして、てこの原理を意識しつつ、包丁の柄の部分をグッと下に押すと、下のほうまで切ることができる。

　180度向きを変えて、反対側も同じように切れば真っ二つになる。これをまた半分にするには、断面を下にして安定させ、真上から押し切りにするといい。

レモンはくし形に切らない

●X状に切ると果汁がたっぷりしぼれる

唐揚げなどの揚げ物に添えられるレモン。食べる前にしぼってかければ、さわやかな香りと適度な酸味がプラスされ、味わいがぐっと深まる。

こうしたレモンは、縦の方向でくし形切りにされることが多い。しかし、この切り方だと、ギュッと力を入れてしぼっても、果肉の入った小袋を包む薄皮が破れず、果汁がそれほど出てこないことがある。しぼり切ったつもりでも、果肉には相当な果汁が残っているという、何とももったいない結果になりがちだ。

レモンの果汁をしぼり切りたいなら、くし形切りにするのはおすすめできない。ずっと効率的にしぼれるのは、レモンをX型に切る方法だ。まずレモンを斜めに切って、次にその断面と交差するような方向で切ってみよう。

こうすると、薄皮を切ることができるので、すべての小袋の果肉から果汁があふれ

出してくるのだ。切り方を変えるだけで果汁の量が増え、1・5倍から2倍ほどにもなるので、このやり方を採用しない手はないだろう。

果汁をしぼるときは、果肉部分を下にしてしぼる人が多そうだが、じつは間違った方法だ。レモンならではの香り成分は、皮の部分に多い。このため、皮を下にしてしぼれば、その香りも加わって、さらに爽やかな果汁になる。

なお、レモンは少し加熱すれば、皮が軟らかくなるので一層しぼりやすい。40度程度の熱さの湯に3分ほどつけてからしぼってみよう。

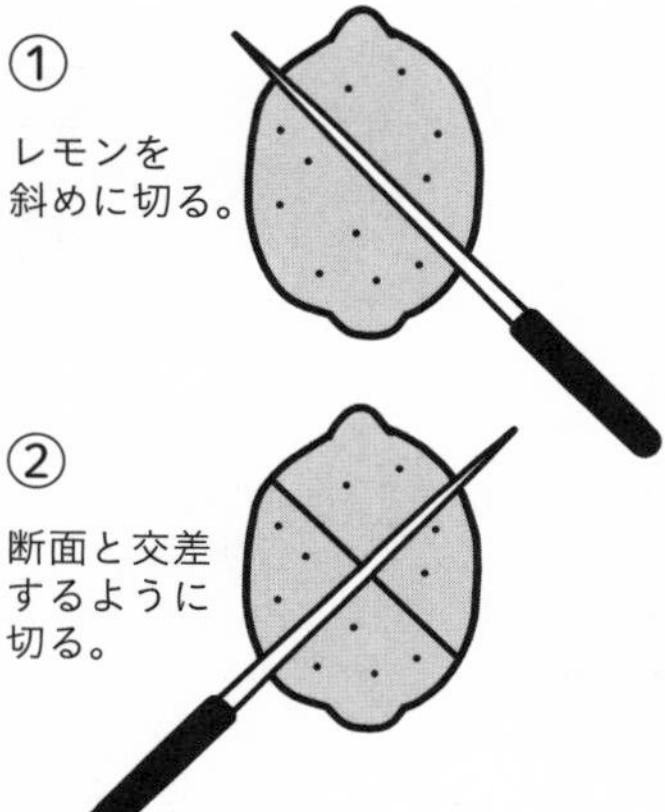
①
レモンを
斜めに切る。
②
断面と交差
するように
切る。

山イモは厚めに皮をむいてかゆみ解消

●皮の下にあるかゆみ成分を取り除く

健康にいいネバネバ食品の山イモ。とろろは好きだけど、かゆくなるのが苦手……という人は多いだろうが、かゆみを抑える方法はある。

山イモをおろす際、あるいはすりおろしたとろろを食べたとき、指や唇に不快なかゆみを感じるのはシュウ酸カルシウムという成分の結晶のしわざ。結晶は長さ0・1㎜ほどで、細長い針のような形をしている。

シュウ酸カルシウムの結晶が多く含まれているのは、皮のすぐ下の部分。両端がとがった鉛筆の束のような状態でたくさん潜んでいる。このため、皮を薄くはいでから、手で持ってすりおろしたり、とろろを食べたりすると、指や唇に刺さってかゆくなってしまうのだ。

こうした山イモの構造から考えると、かゆみを防止するには皮をやや厚めにむくと

いい、ということになる。皮と一緒に５㎜ほどもむくと、ほとんどかゆみを感じなくなるはずだ。

シュウ酸カルシウムは野生種で粘り気の強い自然薯《じねんじょ》はもちろん、手軽に購入できるナガイモやヤマトイモなど、山イモの仲間に広く含まれている。かゆみを強く感じる人は、皮を薄くむかないように注意しよう。

かゆくなるのはうれしいけれど、皮を厚くむくのは何だかもったいない……。こう思う人は、いったん山イモを冷凍庫に入れて、凍った状態のままですりおろしてみよう。すりおろすときの衝撃でシュウ酸カルシウムの結晶が折れ、バラバラになることから刺さりにくくなる。

また、食べるときのかゆみをなくす方法としては、とろろに酢やレモンを少し加えるという方法がある。シュウ酸カルシウムは酸性の環境下が大嫌いなので、こうするだけですぐに溶けてしまい、食べても刺さらなくなる。

この性質から、おろすときに手がかゆくなったときには、酢を少しかけると症状がやわらぐので覚えておこう。

種のこぼれないトマトの切り方

●ヘタのある部分の窪みに沿って切る

トマトをくし形切りにしたところ、ゼリー状の果肉と種があふれ出してしまい、食べても妙にスカスカで物足りない。このよくある失敗は、包丁を入れるときにちょっと気をつければ防ぐことができる。

切る前にトマトに目を近づけて、ヘタのある上側をよく見てみよう。わずかな窪みと盛り上がった部分が交互に並んでいるはずだ。じつはこの窪みに沿った部分が、種のない仕切りになっている。

ゼリー状の果肉と種をこぼしたくなければ、窪みに沿っておしりの先まで包丁を入れ、くし形にひとつひとつ切っていけばいい。こうすると、ゼリー状の果肉と種の見えないくし形切りができあがる。ただし、窪みは均等に並んでいるわけではないので、切り分けたものの大きさは揃わないことを理解しておこう。

柿は葉の切れ目に沿って4等分する

●包丁が種に当たらないで切れる

果物の中でも、種が大きな柿。切り分けるときに、ナイフが種に当たるのが気になる……という人もいるのではないか。そこで、種を避けて切ることのできる方法を紹介しよう。

注目するのは大きなヘタ。４枚ある大きな葉と葉のちょうど真ん中にナイフを入れてみよう。じつは柿のヘタの形と種の位置には法則性があり、この位置で切り分けて４等分にすれば、ナイフが種にほぼ当たらない。切り分けたら、１切れずつヘタを取り除き、皮をむいていこう。また、おしりにある十文字のややへこんだ線沿いに切っても、同じように切ることができる。

ナイフが種に当たっても気にならないなら、葉の先端を結ぶ線で切る方法もある。断面上で種が断ち切られるので、スプーンなどで取り除いてから食べよう。

スイカはまず縦ではなく横に切る

●種に沿って切れば種を取りやすい

夏の果物の王様、スイカは種が多いのが残念なところだ。いちいちスプーンの先でほじくるのは面倒だし、口に含んでから吐き出すのはちょっと下品……。しかし、大好きだからいっぱい食べたい。

こういった人は、スイカを1／2玉や1／4玉ではなく、豪快にひと玉買いをしよう。そして、種を簡単に取り除きやすい切り方をすればいい。

ひと玉のスイカを切るときは、まずヘタの部分を上にして立て、ふたつ割りにする場合が多いのではないだろうか。しかし、種を取り除きにくくなるのは、この縦に半分にしてから切り分ける方法だ。

スイカは最初に縦割りではなく、スイカのヘタが横になるように置いて、上から真っ二つに切ってみよう。1／2玉の状態にして注目するのは、切り口に点在する種の

位置。中央部分から、その種をめがけて切り分けていくのだ。

一見、スイカの種はばらばらに散らばっているようだが、じつは中心部分から放射状に、ほぼ同じラインに沿って並んでいる。横にふたつ割りにすれば、見えている種の下に、ほかの種もほぼ並んでいるというわけだ。こうして切り分ければ、切り口に種がいくつも見えるので、簡単に取り除くことができる。

また、スイカで最も糖度が高いのは中央部分。この切り方をすれば、そのおいしいところが食べる全員にいきわたるというメリットもある。

①

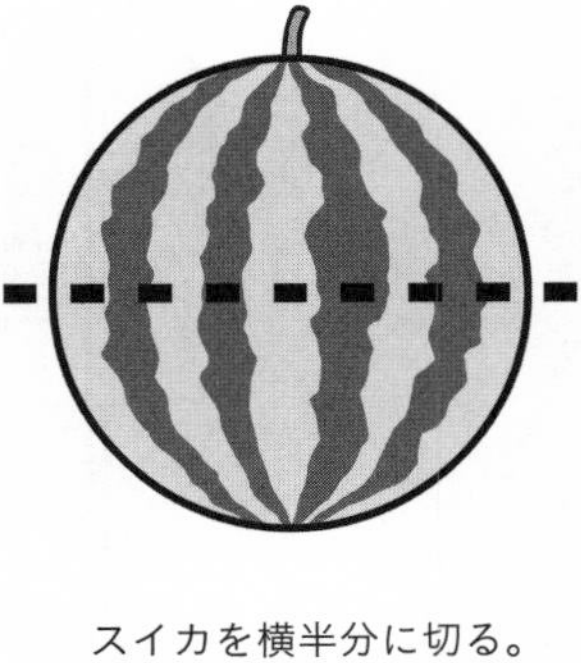

スイカを横半分に切る。

②

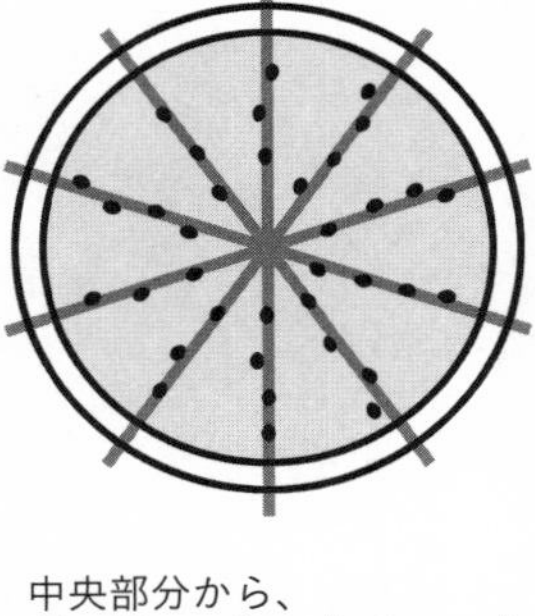

中央部分から、
種に沿って切り分けていく。

ショウガの皮を厚くむくのは損

●アルミホイルで表面だけを薄くむく

ショウガは皮のすぐ近くに香りや栄養がたくさん詰まっている。だから、できるだけ皮は薄くむいてから使いたいものだ。とはいえ、ショウガはでこぼこした複雑な形をしているので、包丁で皮を薄くむくのは簡単ではない。苦労して頑張っても、もとの形からひと回り、ふた回り小さくなってしまうこともよくある。

こうした失敗を防ぐため、もっと簡単に皮をむける方法を紹介しよう。使うのはどこの家のキッチンにも備えられているアルミホイル。これをくしゃくしゃっと丸めて、ショウガの表面を軽くこするのだ。ショウガの皮は薄くて軟らかいので、こうするだけで簡単にむくことができる。

アルミホイルはすりおろすときにも有効だ。小さくちぎってすりおろし器の上にかぶせ、その上でショウガをすると繊維が絡まず、おろしたものを余すことなく使える。

焼く・炒める・揚げる前に知っておきたい

ローストビーフを作ったとき、
どうしてあんなに肉汁が出るのか。
フライやムニエルが
なぜカラッと仕上がらないのか。
答えはこの章の中にある。

ローストビーフは両端から焼く

●繊維の先を焼いて肉汁を閉じ込める

霜降りのステーキとはまた違って、肉の赤身ならではのうま味を満喫できるローストビーフ。贅沢なメニューだが、家庭でできる簡単なレシピもある。

塩コショウなどで下味をつけて、フライパンでときどき転がしながら焼き、仕上げにアルミホイルで包んで余熱で火を通す。肉が落ち着いたら、アルミホイルを開いて肉を取り出し、薄くスライスして盛りつける。これで、できあがりだ。

ここで問題となるのは、開いたアルミホイルの中がどうなっているのか。肉汁が少しだけ染み出ているのならOKだ。しかし、肉汁がたっぷりたまっているのなら、焼き方をしくじったのに違いない。

じつは、ローストビーフは間違った焼き方で作られることが非常に多い。肉をぐるりと回る4面はしっかり加熱する一方、両端を焼くことは忘れがちなのだ。

ローストビーフ用のかたまり肉をよく見てみよう。肉の繊維が両端に向かって、横向きに流れているのがわかるはずだ。加熱した際、肉汁はこうした繊維の端の部分から流れ出ていく。つまり、この両端をしっかり焼いて固めておかないと、肉汁をどんどん失ってしまうということになる。

ローストビーフを焼くときは、まず最初に両端部分を焼いて、肉汁の流出を抑えなければならない。それから、残りの4面を順番に焼き固めていく。この焼き順で加熱することによって、ジューシーなローストビーフを作ることができる。これはローストポークの調理でも同じだ。

①

強火のフライパンで、まずはかたまり肉の両端を焼く。

②

次に残りの4面を順に焼いていく。

肉のジメジメの放置は禁物

●ドリップは拭き取って焼かないと臭くなる

ステーキやソテー用の肉を買ってくると、パックの中に赤みを帯びた液体がたまっていることがある。これがドリップと呼ばれるもので、解凍した冷凍肉はもちろん、そうでない肉からもにじみ出ていることが少なくない。

このドリップはもともと、肉の細胞の中に入っていた水分。とくに害はないはずだからと、そのままにしておいてはいないだろうか。だが、肉が液体に浸っているということは、微生物が繁殖するのに絶好の環境だ。これを放置しておくと、肉に臭みがつく原因になるので、買ったらすぐに取り除くようにしよう。

焼く直前にも肉の表面をチェック。ドリップで濡れていることはよくあるので、キッチンペーパーで拭き取ってから焼くといい。このひと手間をかけて加熱すると、濡れた肉と比べて、表面をカリッと香ばしく焼き上げることができる。

厚い肉は常温に戻してから焼く

●すぐ焼くと中心部まで火が通らず生焼けに…

牛肉のステーキ肉、豚肉のソテー肉、鶏もも肉など、厚みのある肉を焼くとき、冷蔵庫から出してすぐに焼いてはいけない。最悪の場合、噛んだ瞬間、生肉のイヤな食感に「オエッ」となるかもしれない。

肉を冷蔵庫から出したあと、表面の温度は常温にだんだん近づいていく。しかし、冷蔵庫では肉の温度は3℃~5℃、チルド室なら0℃まで下がっているので、しばらくの間、肉の内部は冷たいままだ。こうした状態で焼くと、表面はすぐに火が通る一方、中には火が伝わりにくい。このため、一見、香ばしく焼き上がっても、肉の中心部はまだ生焼けということになりがちなのだ。

厚めの肉を焼くときは、調理する30分前には冷蔵庫から出しておこう。こうしておけば、焼くときには肉の中心部分も常温になっている。

冷凍肉は凍ったままで焼く

●完全に解凍させるとドリップが出てしまう

厚めの肉をおいしく焼くには、冷蔵庫から早めに出して常温に戻しておくことが肝心だ。冷凍肉も同じように、完全に解凍させてから焼くのが鉄則のように思えるかもしれない。しかし、その方法はNG。ドリップが出切ってから焼くことになるので、味に深みがなく、しかもパサパサの焼き上がりになりやすい。

じつは冷凍肉は解凍させず、そのまま焼いたほうがいい。当然、火が通りにくくなるが、なかなか高温にならない分、かえって表面は焦げにくく、内部のジューシーさを保つことができるのだ。

厚さ1・5cmのステーキ肉の場合、フタをしたフライパンで、両面を強火で2分ずつ焼き、その後、余熱で2分火を通すと、肉汁を逃がすことなくミディアムレアに焼くことができる。解凍の時間と手間が省けるのもメリットだ。

焼肉は200℃で焼くと煙が出にくい

●ホットプレートの設定温度の高過ぎはNG

ホットプレートを使えば、家でもおいしい焼肉を食べることができる。家で作る焼肉の大きな問題は煙と匂い。換気扇をフル回転させても、部屋にはあの独特の匂いがたまり、壁やカーテンが脂でベトベトになることもある。

こうした惨状は高温になった油から、「オイルミスト」という細かい粒子が湧き上がることによって起こる。オイルミストが大量に発生するようになるのは、油の温度が220℃を超えてから。それよりも少し低い温度をキープすると、発生量をぐっと抑えることができる。

この現象を頭において、焼肉を焼くときにはホットプレートの温度を200℃に設定しよう。肉を焼くには十分高温で、しかも匂いや煙があまり出ない。これしかないという絶妙の温度設定だ。

塩焼きは塩を振って即焼くのはNG

●しばらくおくと、うま味がアップし臭みも抜ける

サンマやサバの塩焼きを作る場合、焼く前に塩を振っておかなければならない。この塩の振り方によって、焼き上がったときの味に相当な違いが出る。よりおいしく食べるために、正しい振り塩の仕方を知っておこう。

ところで、魚に塩を振るのは、味つけのためだと思っている人がいるかもしれない。確かに、塩味をつけることは重要だが、ほかにも大きな狙いがある。そのひとつは、身を締めることだ。塩を振ると浸透圧の作用によって、水分が外に出て身が締まっていく。その結果、焼いたときに身が崩れにくくなるのだ。

同時に、塩は魚の内部に入ってたんぱく質に作用し、加熱すると水を含んだ状態で固まる性質に変える。この働きは非常に重要なもので、焼いたときに身に弾力が出て、口当たりがぐっと良くなる。

また、塩を振るとその作用によって、たんぱく質がグルタミン酸などのうま味成分に変化し、魚の味わい自体もアップ。アジの干物がうま味たっぷりなのは、この働きによるものだ。加えて浸透圧によって、トリメチルアミンなどの魚の臭み成分が水と一緒ににじみ出てくることも大きい。魚に塩を振るのには、こういった多くの狙いがあるのだ。

塩を振っておいておく時間は、魚の種類によって異なる。脂肪分が少なくて塩の回りが早く、臭みも少ない白身魚は10分程度。脂肪分も臭み成分も多い青魚は、20〜30分おいてから焼くのがいいだろう。

①

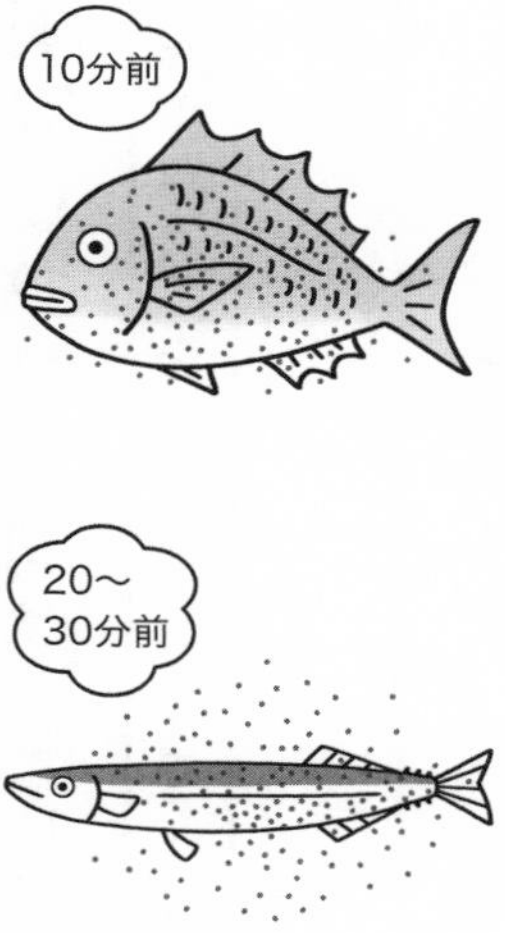

白身魚は焼く10分前、青魚は20〜30分前に塩を振る。

②

ヒレには化粧塩をすると、焼き上がりが美しくなる。

焼き網はしっかり加熱してから

●冷えた焼き網に魚をのせるとくっつく

サンマやサバの塩焼きをグリルで焼くと、網に必ず身がくっついて、取り出すときにボロボロになってしまう。こうした失敗は多くみられるが、少し気をつけるとすぐに改善することができる。

焼き網に魚がくっついてしまうのは、たんぱく質が熱で変化し、金属と反応しやすくなるからだ。この反応は50℃前後の温度で起こりやすい。そこで、グリルの火をつけて、1分程度そのままにしておき、網がもっと高温になってから魚をのせるようにしよう。網に接する部分が一気に加熱されるので、くっつくことが少なくなる。

網の状態などにより、それでもくっつきやすい場合は、網にサラダ油を塗って焼く手がある。油を追加することに抵抗があるのなら、酢を塗っておいてもくっつきづらくなる。熱すると酢の匂いは飛ぶので心配はいらない。

干物は凍ったままで焼く

●解凍するとドリップが出てまずくなる

おかずや酒の肴にぴったりの干物は、冷凍庫に入れてストックしておくと便利。こうした冷凍の干物は、どうやって焼くのが正解だろうか。

方法はふたつ。しっかり解凍してから焼くか、それともカチンカチンに凍ったままの状態で焼くかだ。前者の方法が正しいように思えるかもしれないが、次からはぜひ解凍しないで焼くようにしよう。

冷凍の干物を解凍する場合、問題なのはドリップが出てしまうことだ。ドリップにはうま味成分も含まれているので、流出すればするほど味が落ちてしまう。そこで、冷凍の干物は解凍しないでそのまま焼くようにしよう。このほうがドリップの流出が少なく、うま味を閉じ込めておくことができる。火力が強いと、中が凍っているうちに表面が焦げてしまうので、弱めの火加減でじっくり焼き上げるのがコツだ。

フライは揚げる前にシュッと霧吹きを

●加熱で水分が蒸発してサクサクの揚げ物に

豚カツやエビフライなどの揚げ物は、まず小麦粉をまぶし、次に卵液につけて、最後にパン粉をつければ下準備が完了。これで、すぐに熱した油に投入する人が多いだろうが、その前にひと手間かけたほうがいい。

揚げる前にやっておきたいのは、霧吹きでシュッと水滴を吹きかけておくこと。こうしてパン粉を湿らせておくと、揚げている間に水分が蒸発。その部分が空洞になることから、衣にすき間の多いサクサクの揚げ物ができあがるのだ。

パン粉を湿らせてから揚げたものの食感は、まるで生パン粉を使ったときのよう。じつは揚げ物料理のプロもけっこう使っているという、簡単ながら効果の高いテクニックなのだ。霧吹きで吹きかける水分の量は、やや多めかなと思う程度がいい。触ると手にパン粉がくっつくくらいが適当だ。

ムニエルは小麦粉をつけたらすぐに焼く

●ぐずぐずしているとベタベタになる！

サケなどのムニエルを作るときには、全体に小麦粉をまぶしてから焼く。この場合も、豚カツやエビフライなどと同じように、霧吹きで湿らせておくといいのでは、などと思ってはいけない。ムニエルはフライとは違って、衣が水分を含むと極端にまずくなってしまうのだ。

魚の表面に小麦粉をつけて、しばらく放っておくと大変だ。小麦粉が魚の水分を吸って、ベタベタに湿ってしまう。こういった状態で焼くと、おいしそうな焼き色がつきにくい、焼いているうちにはがれる、フライパンにこびりつく……といった具合にいいことは何もない。

魚に小麦粉をつけたら、決して時間をおかず、できるだけ早く焼くようにしよう。レシピではいちいち説明されないが、非常に重要なポイントなのだ。

フライドポテトは冷たい油から揚げる

●でんぷんが糖に変わって甘みがアップ

ハンバーガーのサイドメニューとしても人気のフライドポテト。作り方としては、熱した揚げ油に投入し、短時間で加熱調理するのが当たり前だと思ってはいないだろうか。じつはこうした作り方をすると、甘みの薄い仕上がりになってしまう。

しっかり甘いフライドポテトを作るには、火にかける前の冷たい油に入れて、少しずつ温度を上げていく方法がベストだ。ジャガイモやサツマイモに含まれているでんぷんは、β－アミラーゼという酵素の作用により、糖に変化して甘くなる。この酵素が活発に働く55℃から65℃程度の温度帯をゆっくり通過することにより、甘くておいしいフライドポテトができあがるのだ。これに対して、熱した揚げ油にいきなり投入したら、糖にあまり変化しないまま仕上がってしまう。時間は多少かかるが、低温から徐々に加熱し、ぐっと甘みを増す作り方をしてみよう。

トーストはいきなり焼かない

●オーブントースターを温めてから短時間で焼く

家でトーストを焼く場合、オーブントースターを使うのが主流。焼くのが簡単な一方で、焼き上がったトーストにはしっとり感がなく、ややパサパサ気味になってしまうこともある。こうした残念な焼き上がりをなくすには、パンを入れる前に、オーブントースターをしっかり熱しておくだけでいい。

パンには水分が40％ほど含まれているが、焼き上がりまでに時間がかかると、どんどん蒸発してパサパサになっていく。できるだけ短時間で焼くには、冷たいトースターに入れてはいけない。前もってスイッチをオンにしておき、十分熱くなってからパンを入れるのだ。

こうして焼くと、すぐに表面が焼き固まるので、水分が蒸発しにくい。表面がサクッとしつつ、中はフワフワという、理想的なトーストが焼き上がる。

卵焼きは切るように混ぜる

●大きく混ぜて空気が入ると滑らかに仕上がらない

卵は安くて栄養たっぷりな優等生の食材。とくに溶き卵を使った料理はバリエーションが豊富だ。そういった卵料理をおいしく作るコツは、なんといっても焼き方だと思われがちだ。しかし、その前に押さえておくべき大きなポイントがある。卵をどのように、どうやって溶くかということだ。

基本的には卵を混ぜるとき、ある程度まではしっかり混ぜたほうがいい。卵黄と卵白は固まる温度が微妙に違っており、卵黄は65℃～70℃くらいの温度をキープすると固くなる。一方、卵白はもっと低い温度で固まりはじめるものの、完全に固くするには75℃を超える高温を加えなくてはならない。

このため、卵黄と卵白をある程度混ぜ合わせないと、加える温度によっては焼き上がりにムラが出て、卵白が部分的にはゆるいままになる。逆に親子丼や卵とじなど、

卵白のとろとろを残したい料理の場合は、軽く混ぜるだけにするといいだろう。

　卵のかき混ぜ方については、箸を大きくあおって豪快に混ぜる人が少なくない。卵かけご飯ならこれでもいいが、卵料理の混ぜ方としては多くの場合、NGだ。卵が空気を含んで、料理の形が整いにくくなる。

　卵を混ぜるときは、菜箸の先を器の底に当てて、前後左右に動かすといい。卵白を菜箸で切るようなイメージだ。注意したいのは、混ぜれば混ぜるほど卵白にコシがなくなっていくこと。ふんわり仕上げたいなら混ぜ過ぎず、なめらかな口当たりを目指す場合はよく混ぜるようにしよう。


菜箸を器の底に当てて、卵白を切るように動かす。フォークで混ぜてもいい。

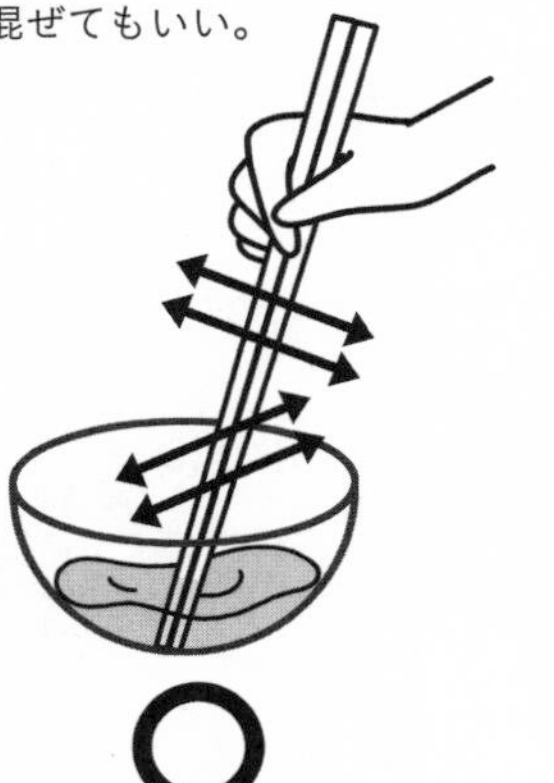

菜箸を浮かせてあおり、空気を含ませるように動かす。

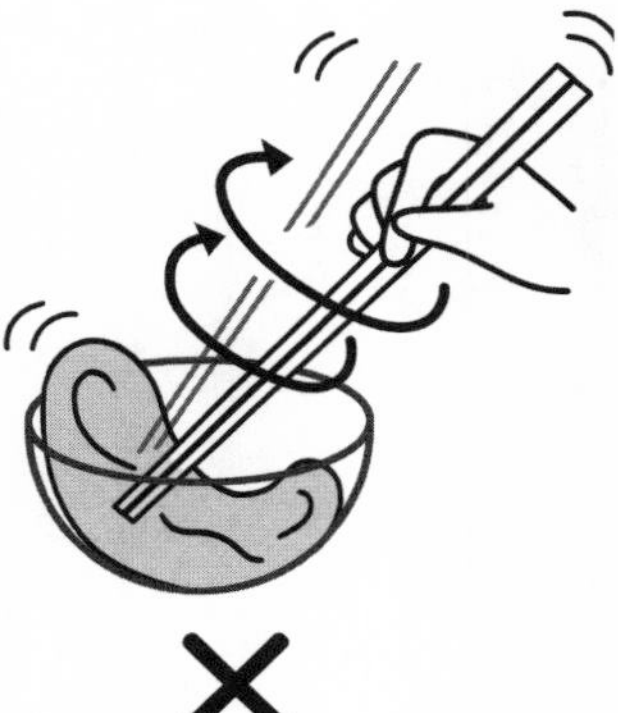

チャーハンはまず空焚きを

●高温で加熱しないとパラパラにならない

チャーハンは高温で素早く調理するのが第一だ。そこで、鉄製のフライパンや中華鍋に油を入れて強火で熱し、煙が立つようになったら卵を投入。それほど時間をおかずにご飯を加えて、あとはとにかく混ぜる、混ぜる、混ぜる。この作り方は正しいように思えるかもしれないが、最初の段階で間違っている。

まずフライパンをしっかり空焚きし、十分熱くしてから油を入れなければいけない。この順番を逆にして、油を入れてから熱すると、高温のもとで油が分解し、汚い仕上がりになってしまう。空焚きするのは1分ほど。煙が立ち昇るようになって、ちょっと怖いと思うかもしれないが、気を落ち着かせて待とう。

なお、こうした炒め方ができるのは、もちろん鉄製のフライパンや中華鍋の場合。フッ素樹脂加工のフライパンは、高温に弱いのでやってはいけない。

煮る・ゆでる前に知っておきたい

ことこと煮て味を染み込ませたり、
熱湯でさっとゆでたりするのは、
料理の中でもかなり簡単。
そう思っているのなら、
大事な知識が抜け落ちているはずだ。

アクは強火のときに一網打尽

●火を弱めると、煮汁に混ざってしまう

鍋や煮物、シチューなどを作るときに出てくる、濁った泡のようなアク。肉なら血液やたんぱく質、脂肪など、野菜はポリフェノールやミネラル成分などが溶け出たものだ。そのままにしておくと、苦みや渋みをより強く感じたり、味にまとまりがなくなったりすることが多い。適度に取り除いたほうがいいだろう。

アクを取り除く絶好機は、強火でいったん沸いてから。何度もちまちま取らないで、ある程度まとめて、お玉で一気にすくうのがコツだ。スープの濁りもアクに集まるので、こうすればよりすっきりした仕上がりになる。このときにアクを取らず、弱火でことこと煮込んでいくと、しだいにアクはスープに溶け込んでしまう。

ただし、アクを取り過ぎると、せっかくの栄養やコクも失ってしまうことになる。あくまでも適度に取り除くようにしよう。

煮魚は強火で短時間調理

●ことこと煮るとうま味が逃げる

野菜の煮物は、弱火でことこと煮て作る。これと同じで、煮魚もじっくり煮るのが正しいと思ってはいないか。

間違えている人が非常に多いようだが、煮魚は短時間で一気に仕上げなければならない。大根やイモ類などと違って、魚にはすぐに火が通る。余分に加熱すればするほど、身はしだいに固く、パサパサになってしまうのだ。

煮魚を作るときは、最初から最後まで強火で加熱するのがコツ。短時間で魚の上側まで火を通すために、必ず落としブタをしよう。なければアルミホイルを使ってもかまわない。どちらの場合も肝心なのは、鍋の直径とほぼ同じ大きさのものをかぶせることだ。すき間が多いと泡立ちが少なくなって、なかなか火が通らず、味も染み込みにくくなる。

卵はゆではじめに少しヒビを入れる

●殻の中に水が入り込んでつるんとむける

ゆで卵は作るのが簡単だが、ひとつだけ、ときに面倒なことがある。殻がきれいにむけず、白身も一緒に崩れて、ぼろぼろになってしまうことだ。

こうした惨状は、卵白に含まれている炭酸ガスのしわざ。ゆでて熱せられると膨らみ、卵白が殻の内側にある薄皮に押しつけられて、はがれにくくなってしまうのだ。産み落とされたあと、時間がたつにつれて炭酸ガスは少しずつ抜けていく。このため新鮮な卵ほど、ゆで卵にしたときに殻がむきにくい。

こうした性質から、産み落とされて1週間以上たち、炭酸ガスがある程度抜けているものでゆで卵を作るといい。買ったばかりの卵をゆでる場合は、ゆではじめのときにちょっとした作業をしておこう。

卵を熱湯に投入し、1分ほどたってから、包丁の柄の根元をカツンと卵の殻に軽く

打ちつけておくのだ。こうすると殻に細かなヒビが入って、ゆでている間に湯が入り込み、卵白と薄皮をくっつかないように働くので、殻がぐっとむきやすくなる。

打ちつける力はごく弱めでいい。力を入れると大きなヒビが入り、卵の中身が湯の中に出てきてしまう。また、必ず沸騰して1分ほどたち、白身が固まりはじめてから行うこと。卵を投入してすぐにヒビを入れると、卵白が染み出してきて固まり、不格好なゆであがりになってしまう。

卵のおしり（膨らんだほう）に、画鋲の先を少し押し込んで、小さな穴を開けておく方法も知られている。これでもいいが、力の加減さえ覚えれば、包丁の柄を打ちつけるほうが簡単で効果も高い。

なお、ゆであがったら、氷水につけて冷やしておくことも大事だ。固まった卵白が縮まることによって、殻の内側からはがれやすくなる。

包丁の柄で卵の殻を軽く打ちつけて、細かなヒビを入れておく。

鶏肉はゆでたらすぐに取り出さない

●つけておくうちにジューシーに

肉をゆでて火が通ったら、すぐに湯からあげるのがごく通常の調理法だ。ただし、牛肉や豚肉の場合なら、という注釈がつく。鶏肉で同じようにしたら、パサパサの仕上がりになってしまう。

肉は通常、ゆでることによって水分を失っていく。なかでも、その傾向が格別強いのが鶏肉なのだ。鶏肉をゆでる場合は、熱湯に入れて数分おいたら火を消し、あとは余熱で火を通す。そのまま湯につけた状態で、冷めるまでおいておこう。熱せられた肉は、冷めるにしたがって身が縮んでいく。その間にゆで汁を吸収し、身がパサパサになるのを防ぐことができるのだ。

なお、鶏肉のゆで汁には、うま味成分や脂肪などが溶け出している。捨てないでスープなどに利用しよう。

煮る・ゆでる前に知っておきたい

ナスは揚げてから煮る

●高温で加熱しないと色落ちする

ナスの皮の濃い紫色は、高い抗酸化作用を持つアントシアニン系の色素。効果的に摂取したいものだが、調理の仕方によっては、そのつややかな紫色が流れ出し、美しさも栄養も失ってしまうことになる。

とくに注意が必要なのは煮物にする場合。アントシアニンは水溶性なので、煮ると煮汁に溶け出していくのだ。しかも、80℃以上で調理しないと、色落ちして茶色になり、見た目の仕上がりも随分悪くなってしまう。

そこでナスの煮物を作るときには、第一段階として、煮る前に揚げるか炒めておこう。アントシアニンは高温で調理すると、性質が安定して紫色をキープできる。加えて、表面が油でコーティングされることから、煮汁への流出も防げるのだ。ナスはただの煮物ではなく、揚げ煮、炒め煮にするのが正解だ。

ホウレン草は根元を水につけて振り洗い

●流水で洗うだけでは泥汚れが落ちにくい

野菜は生でサラダにする場合はもちろん、ゆでて食べるときも、調理の前にしっかり洗わなければいけない。とくにホウレン草や小松菜は根元近くの茎の間が詰まっているので、よく洗ったつもりでも細かい砂や土が残っている場合がある。

お浸しを口に入れて噛んだとき、ジャリ…とイヤな感触があってはたまらない。念入りに水洗いをして、汚れをすべて取り除いておこう。

ホウレン草や小松菜の水洗いでは、やはり根元付近を重点的に行いたい。とはいえ、ただ流水を当てるだけでは、茎と茎の間の汚れは落ちにくい。ほかの野菜とは違って、ひと手間をかけることが大切だ。

まず、根元に「十文字」の切り込みを入れてみよう。軽く切るだけでは効果が薄いので、深さは2㎝ほどあったほうがいい。ホウレン草は根が突き出ていることがある

が、その場合は少し切り落としてから包丁を入れよう。

次に大きめのボウルに水を張って、根元部分をつける。こうしておくと切り口から水を吸って、根元部分の密集していた茎が開いていく。水につけるのは10分ほどでいいだろう。茎が十分開いたら、ボウルの水の中で根元部分を振り洗い。これで茎と茎の間に詰まっていた土や砂が流れ出すので、何度かボウルの水を取り替えながら振り洗いを繰り返そう。

この処理をすると、水を吸って葉がシャキシャキになるという利点もある。ジャリがなくなり、食感もアップして一石二鳥だ。

① 根元に包丁で「十文字」の切り込みを入れる。

② 水を張ったボウルにつける。

③ 茎が開いたら、水の中で振り洗い。

水菜は水に叩きつけて洗う

●叩きつける勢いで汚れが飛び出てくる

流水でよく洗っても、汚れが落ちにくい青菜のひとつが水菜だ。葉が密集していることから、土汚れだけではなく、小さな虫なども入り込みやすい。しかも茎が内側にややへこんでいるため、汚れがへばりついて取りにくいのも難点だ。

こうした水菜の汚れをしっかり取るには、少々荒っぽいやり方をするのがいい。流水で全体をよく洗ったあと、大きなボウルに水をためて、その水面に葉や茎をバシッバシッと何度も打ちつけるのだ。

根元のほうを持って葉の部分を打ちつけたら、今度は葉と茎を握って根元部分も水に叩きつけよう。こうすれば、すき間に入り込んでいた土や小さな虫が飛び出してくる。通常のように流水で洗うよりも、ずっと汚れが取れやすい。水が汚れたら取り替えて、汚れが出なくなるまで叩くようにしよう。

ブロッコリーは水風呂で汚れ取り

●水につけたら細かい汚れまで取れる

ブロッコリーも洗いにくい野菜の代表といえる。小さなつぼみがギュウギュウ詰めになっているので、流水をかけてもきれいになるのは表面だけ。奥の部分の汚れはなかなか取れない。

ゆでて食べる場合は、それほど神経質になることはない。小房に切って洗ったり、ゆでたりするうちに汚れは落ちていく。ただ、切った小房を洗うだけでも、切り口からカリウムなどの水溶性の栄養成分が少し失われてしまう。栄養の流出をできるだけ抑えたいのなら、切らずに洗って電子レンジで加熱したほうがいい。

そこで、大きなボウルに水を張り、ブロッコリーを逆さにして20~30分つけておこう。つぼみの間に水が入り込むので、振り洗いをするだけで細かい汚れが水の中に出ていく。これで栄養をまるごと残したまま食べることができる。

大根の下ゆでには砂糖をプラス

●これだけで、短いゆで時間で軟らかくなる

大根は火が通りにくい根菜。まずは下ゆでをしておかないと、味が染み込みにくく、特有のえぐみも抜け切らない。

この下ゆでをするとき、湯にちょっとだけ加えておきたいものを知っているだろうか。何も特別な調味料ではなく、どの家のキッチンにも常備されている砂糖だ。じつは、砂糖には素材を軟らかくする働きがある。加える目安としては、下ゆでする水1ℓに対して大さじ1程度。これで通常のように下ゆですると、短時間で軟らかくなって、味がよく染み込むようになる。

大根を軟らかくする方法としては、切り分けてから、いったん冷凍しておく手もある。こうすると、細胞内の水分が凍って膨張し、細胞壁が壊れることによって、味が染み込みやすくなるという理屈だ。この場合は下ゆでも必要ない。

青菜は水を切ってゆでる

●濡れたまま湯に入れると温度が低下する

沸騰した熱湯の中に青菜を入れてゆでる。非常にシンプルな調理の仕方だが、正しいやり方で行わなければ、栄養が抜けたり、水っぽくなったり、色が悪くなったりしてしまう。基本的な部分をしっかり押さえておこう。

ホウレン草や小松菜などのお浸しを作る場合、ゆでる前に流水で洗って、汚れなどを取り除いておくという下準備が必要。このとき忘れがちなのが、ゆでる前に水気を切っておくことだ。

洗ったばかりの青菜には、水がたっぷりついている。そのまま熱湯に入れたら、湯の温度が急激に下がって、ゆで上がるまでに余分な時間がかかってしまうのだ。青菜は短い時間でゆでてこそ、水溶性の栄養や鮮やかな緑色をキープできる。ゆでる前には何度か軽く振って、水気をしっかり切っておくことを忘れないようにしよう。

青菜はたっぷりの湯でゆでる

●湯が酸性になり過ぎず変色しにくい

青菜をゆでるときには、鍋に湯をたっぷり沸かすことが大切だ。少なめの湯を沸かすほうが時間がかからず、時短になるような気がするかもしれない。しかし、青菜を投入したとたんに温度がぐっと下がるので、結局、ゆで上がるまでの時間はそう変わらず、栄養をより多く失ってしまうことになる。

これに対して、ゆでる湯の量が多ければ、青菜を入れたときの温度の低下を抑えることができ、短時間でゆで上げることができる。湯の量は、青菜のかさの5倍ほどあればいいだろう。

ホウレン草のお浸しを作る場合は、なおさらたっぷりの湯でゆでることが大切だ。ホウレン草にはアクの成分であるシュウ酸が多く含まれており、ゆでると湯の中に溶け出していく。

ここで問題なのは、シュウ酸が溶けると湯が酸性に傾いてしまうことだ。ホウレン草などの緑黄色野菜が鮮やかな緑色をしているのは、クロロフィル（葉緑素）という色素を含んでいるから。クロロフィルは酸性の環境に弱く、シュウ酸が溶けた湯の中では色が悪くなってしまうのだ。これに対して、たっぷりの湯でゆでればシュウ酸が薄まるので、変色を抑えることができる。

また、クロロフィルは長時間、高温のもとにおかれた場合も色が悪くなっていく。そこで、ゆで上がったら冷水で冷やすようにしよう。これはホウレン草だけでなく、アクのない小松菜なども同様だ。

鍋にたっぷりの湯を沸かし、青菜を根元のほうから入れ、やや時間をおいて葉のほうも入れる。

ゆで上がったら、冷水を入れたボウルに上げ、2〜3回水を替えて冷やす。

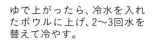

ホウレン草はフタをしないでゆでる

●フタをするとシュウ酸が溶けて変色しやすい

青菜をゆでる場合、短時間でゆで上げたほうが、緑色の色素のクロロフィルが変色しにくい。そこで、高温を保ちやすくするため、鍋にフタをしてゆでる手もある。こうすれば、より短時間でゆで上げることができそうだが、ホウレン草をゆでるときにはやってはいけない。

ホウレン草をゆでると、アクの成分のシュウ酸が湯に溶け出して、それらの一部は湯面から揮発していく。ところが、鍋にフタをしていると拡散することができない。揮発したシュウ酸は、フタの裏側についている水滴に再び溶け込み、湯の中に舞い戻ってくるのだ。

その結果、湯は酸性により傾きやすくなり、クロロフィルが変色してしまう。お浸しは彩りも重要なので、決してフタをしないでゆでるようにしよう。

淡色野菜は蒸しゆでにする

●時短になるし、栄養損失も抑えられる

ホウレン草などの緑黄色野菜はたっぷりの湯でゆでる。これに対して、白菜やキャベツなどの淡色野菜は、また別の方法でゆでるようにしよう。

淡色野菜は緑黄色野菜と違ってアクが少ない。また、緑色のもとであるクロロフィルもあまり含まれていないため、大量の湯を沸かしてゆでる必要はない。大きな鍋やフライパンに少量の水を加えて、フタをして蒸しゆでにするのがおすすめだ。こうすれば、湯を沸かす手間が省けるし、ビタミンCをはじめとする水溶性の栄養の損失も抑えられる。

蒸し上がったら、ザルに上げて自然に冷ますようにしよう。ホウレン草のように、決して水に取ってはいけない。食感が残るように蒸し上がったのに、水分を含んでべチャッとした口当たりになってしまう。

エビは殻つきのままゆでる

●殻をむいてゆでると、身が一気に縮まる

殻つきのエビをゆでるとき、大きく分ければ、「殻をむく→背ワタを取る→ゆでる」「背ワタを取る→ゆでる→殻をむく」のふたつの手順が考えられる。普段、どちらの方法で進めているだろう。

正しい手順は後者。エビの身は繊維が絡み合った荒縄のような構造になっている。このため、加熱されると、その荒縄がしぼられるように、身がギュッと縮むのだ。けれども、殻つきのままなら、ゆでても身の縮み方はぐっと少なくて済む。身が縮むほどうま味が流れ出やすいので、殻はむかないでゆでるほうがいい。

加えて、ゆでてからのほうが殻もむきやすい。ゆでた直後は熱いので、冷めてからむくようにしよう。水につけて冷ますのは、水っぽい味になってしまうからNGだ。急いで冷ましたいのなら、うちわなどであおぐのがいいだろう。

コンニャクの匂い消しにはコツがある

●下ゆでするだけでなく、その前に塩もみを

カロリーが極めて低く、食物繊維がたっぷりなのもうれしいコンニャク。しかし、あの独特の匂いが好きではない……という人もいそうだ。下ゆでをするとき、ただ熱湯でゆでるだけなら、そう思うのも無理はない。

コンニャクの匂いを消すにはコツがある。ゆでる前に塩をまぶして、軽くもんでおくのだ。コンニャク1枚に小さじ1／2程度の塩をまぶすだけでいい。もんでいるうちに、浸透圧によって、水分とともに匂いの成分などもにじみ出てくる。

塩もみをしたら、沸騰した湯にコンニャクを投入。塩は洗い流さず、そのままの状態でゆでてかまわない。加熱し過ぎたら固くなるので、2～3分ほどゆでたら、ザルに上げて水気を切る。そのまま水には取らず、ザルの中で冷ますようにしよう。余分な水分が蒸発し、味が一層染み込みやすくなる。

昆布は軽く煮立ててだしを取る

●少量使うなら、ひと煮立ちさせるのが正解

昆布でだしを取るときは、煮立てると雑味が出るので、沸騰する前に取り出さなくてはいけない。これが日本料理を作るときの常識とされてきた。

しかし、この調理法はプロの料理人を対象にしたものと思ったほうがいい。料理店の厨房で、大量に昆布を使う場合は、煮立てると昆布臭さが際立ってしまうこともあるだろう。だが、家庭で昆布を鍋に一片入れるような使い方なら、少々煮立てても昆布の匂いが鼻につくことはない。逆にひと煮立ちさせたほうが、うま味たっぷりのだしを取ることができるのだ。

ただし、煮立て過ぎると、昆布からぬめりが出てくるようになる。水に30分程度浸してから、ゆっくり加熱してグルタミン酸を引き出し、ひと煮立ちさせて昆布を取り出すのがいいだろう。

仕上げる前に
知っておきたい

これまで当たり前の手順だと
思っていたことが
大きな間違いだったとしたら…。
料理に関する誤った“常識”を
早くリセットしよう。

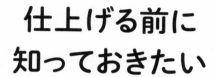

ハマグリの貝焼きの汁はいったん捨てる

●最初に出てくるのは殻の中の塩辛い海水！

　近年、希少価値が高くなったハマグリを見かけたので、迷わず購入した。シンプルな網焼きにして、貝殻から汁がこぼれ出さないように注意し、じっくり焼いていく。ちょうどいい具合に焼き上がったので、うま味たっぷりの汁とともに食べると……何だかすごく塩辛い！

　こうした食べ方をした場合、ハマグリの網焼きが塩辛いのはごく当たり前のことだ。貝殻がパカッと開いたとき、中では一見おいしそうなスープが沸いているが、これはうま味をたっぷり含んだだしではない。ハマグリが貝殻の中に含ませていた、塩分濃度が約３・４％もある海水なのだ。

　意外に知られていないことだが、ハマグリを網焼きしたときには、貝殻が開いたとき、中にたまっている海水を必ず捨てなければいけない。

そのあとの焼き方も要注意だ。海水を捨ててから、また貝殻の上下を同じにして焼くと、うま味たっぷりの汁を味わうことは難しい。というのも、加熱によって下側の貝殻にくっついていた貝柱が外れ、身は必ず上側の貝殻についている。

汁も一緒に味わいたいなら、たまっている海水を捨ててから、貝の上下を逆にしてみよう。こうすると下側になった身が再び熱せられ、うま味がどんどん抽出されて貝殻にたまるようになる。

汁が沸騰したら食べごろ。たまった汁はやはり塩分を少し含んでいるので、レモン汁をかけるだけでおいしく食べられる。

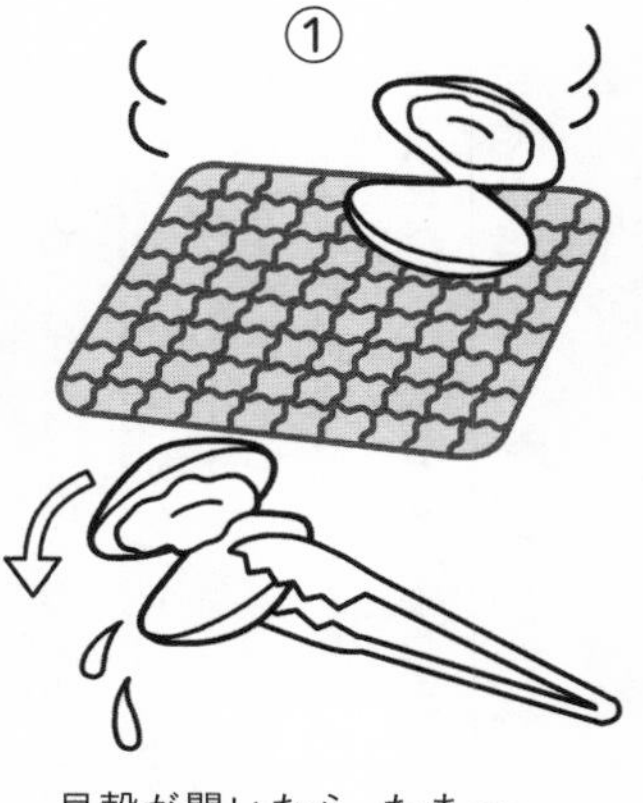

貝殻が開いたら、たまっている汁(海水)を捨てる。

貝の上下を逆さにして、汁が沸騰するまで再び焼く。

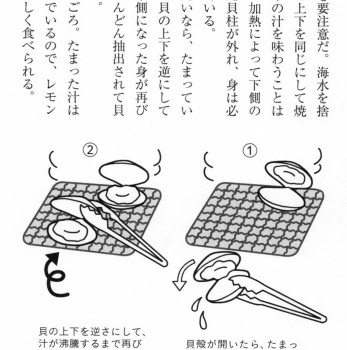

煮物は余熱で味を染み込ませる

●火を止めて冷めていく間に味が染みる

イモや大根の煮物に味を染み込ませようと、鍋を加熱し続けていたらどうなるか。やがてぐずぐずに煮崩れて、いくら味がよく染み込んでいても、食欲が湧かない仕上がりになってしまう。煮物に味をよく染み込ませて、同時に適度な食感も保つコツは、長時間、加熱し続けないことだ。ある程度煮たら火を止めて、あとはそのままおいておくようにしよう。加熱によって食材の細胞膜が壊れているので、火を止めてからでも味は十分染み込んでいく。

昔から、こうした現象が「冷めるときに味が染み込む」と表現されてきた。ならば、急激に冷ましたほうがいいのではと考え、冷蔵庫に入れたり、氷水をためたボウルで一気に冷やしてはいけない。味が染み込むのは、緩やかに余熱が続いている間。完全に冷めてしまうと、味は格段に染み込みにくくなる。

おでんは決して煮込まない

●練り物は煮込むほど味が抜け出る！

おでんは弱火でことこと煮込み、だしがよく染み込んだものがおいしい。こう思って、長時間、加熱し続けていると、上等な仕上がりには決してならない。ぐずぐずになる野菜の煮物とはまた違った意味で、がっかりする味になってしまう。

大根やコンニャク、卵、昆布ほか、おでんにはさまざまな具材が入る。こうした中で、煮込めば煮込むほど、どんどんまずくなっていくのが練り物だ。もともと調理済みの完成された食品なので、火をしっかり通す意味はない。15分から20分程度、さっと煮るだけで十分なのだ。

練り物を入れて煮込み過ぎると、だしを吸うどころか、逆にうま味成分が流れ出ていく。また、成分が溶け出すことによって、だし汁が濁る原因にもなる。練り物は最後に加えて、早めに火を止めるようにしよう。

焼いたステーキは休ませて切る

●すぐに切ると肉汁が出てまずくなる

ナイフで切ると、切り口からジュワッと肉汁があふれ出てくる……こうしたステーキが極上と思っている人がいるかもしれないが、大間違いだ。切ったときに肉汁が外に出てきては、肉の味わいが半減してしまう。

切り口から肉汁があふれるのは、焼き上がってすぐに食べようとするからだ。焼きたては肉の内部の温度が高過ぎるため、うま味のもとである肉汁がまだ落ち着いていない。ステーキは焼いたらしばらくの間、休ませておいて温度を少し下げ、肉汁を落ち着かせることが大切だ。

休ませるのは、肉を焼いた時間と同じ程度がちょうどいい。急激な温度低下を防ぐため、アルミホイルで軽く包んでおこう。この最後の仕上げをしておくと、ナイフで切ったときではなく、口の中で噛んだ瞬間に肉汁があふれ出すはずだ。

巻きずしは濡らした包丁で切る

●乾いた包丁で切ると、断面がぐちゃぐちゃに

手間をかけて巻きずしを作ったものの、最後の切るところで大失敗。断面がつぶれてぐちゃぐちゃに……という苦い経験はないだろうか。そのとき、うまく切れなかったのは、包丁が乾いていたからかもしれない。

太巻きや細巻きを切る場合、包丁を湿らせなくてはスパッと切れない。かといって、濡らし過ぎてもすしの断面に余分な水分がついてしまう。水道水を当てたあと、布巾で軽く押さえ、適度な水気が残っている状態がベストだ。あるいは、濡れ布巾で濡らしてもいい。包丁はのこぎりのように動かすのは禁物で、刃元から刃先まで使って、一度で切るようにしよう。

1回切ったら、また水に濡らして布巾で軽く水気を取る。これをしないで、何切れも切ろうとすると、すし飯がくっつくようになるのでNGだ。

トウモロコシの粒は親指で押して取る

●包丁を使うよりもきれいに取れる

ゆでたトウモロコシをそのまま食べるなら、手に持ってかぶりつけばいい。一方、コーンとしてスープやサラダなどに使いたい場合は、いちいち粒を取らなければいけない。けれども、これがなかなか面倒で……。

包丁でごっそりこそげ落としてもいいが、このやり方では、どうしても根元の部分が少々残ってしまう。ちょっともったいないので、何とかきれいに、しかも簡単に取る方法はないものか。

では、トウモロコシの粒の手軽な取り方を紹介しよう。用意するのは1本の割り箸。持ち手側の端が四角や丸のものではなく、斜めになっているタイプの割り箸が向いている。

まず、この割り箸の斜めになっているほうを上にして、ゆでたトウモロコシのいち

ばん根元側の粒の下に差し込む。そして、ぐっと押し込むように前に動かしていくと、1列分の1粒1粒をきれいにはがすことができる。

1列がすべて空けば、あとはもう割り箸はいらない。隣の列の粒に親指の腹を当て、はがれた列のほうに横に押していけば粒が倒れていく。こうして1列ずつ順番にはがしていけばいい。

トウモロコシ1本分をはがすと、かなりの量の粒を取ることができる。一度で使い切れない場合は、小分けにしてラップなどで包み、冷凍保存するといいだろう。必要なときに、いつでも使えてとても便利だ。

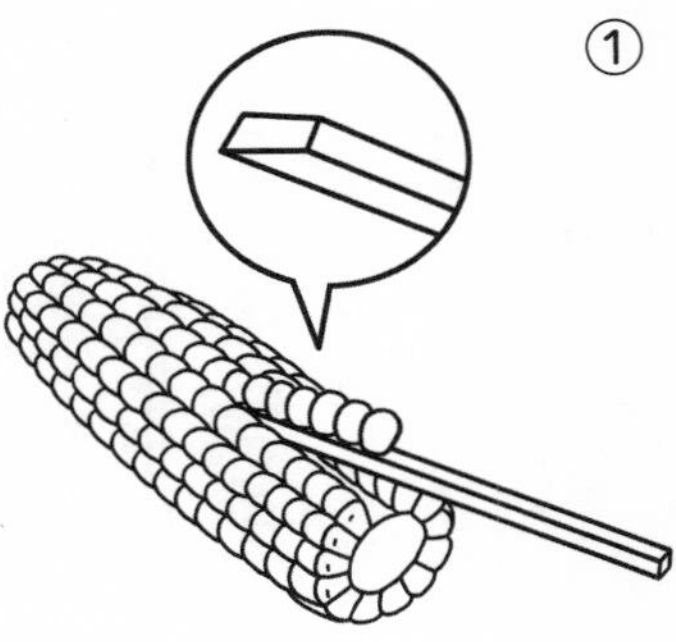

割り箸の斜めの面を粒の下に差し込み、押していって1列分をはがす。

隣の列に親指の腹を当て、はがれた列のほうに倒していく。

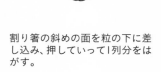

カレールウは鍋をやや冷ましてから投入

●鍋を濡れ布巾の上において冷ますと時短に

とくにこだわらなければ、誰でも作れる料理の代表がカレー。炒めてゆでて、火を消してからルウを割り入れ、とろみをつければ完成だ。ところが、こうした誰でも知っている手順の中で失敗することがある。

カレーの失敗で多いのは、鍋の中がまだ熱い状態でルウを加えることだ。ルウに含まれているとろみ成分の小麦粉は、じつは１００℃近くの熱に当たると、溶ける前に固まってしまう。小麦粉が溶けて滑らかなとろみになるには、80℃まで温度を下げなくてはいけない。火を消してすぐにルウを加えたら、ダマになるのも当然なのだ。

鍋の中が沸騰状態に近い場合、火を止めても80℃まで下がるには5分ほどもかかる。このタイムロスをなくすため、鍋から降ろしたら濡れ布巾の上に置いてみよう。こうすれば1分ほどで80℃程度まで下げることができる。

水溶き片栗粉は水を吸わせてから溶く

●使う直前に溶かすとダマになる

麻婆豆腐や八宝菜など、中華料理のあんかけに欠かせないのが水溶き片栗粉。その名の通り、片栗粉を水に溶かして使うのだが、ときどき滑らかなとろみがつかないことはないだろうか。よくある原因のひとつが、「水溶き」の仕方の間違いだ。

フライパンや鍋で食材を炒めたり煮たりし、火がしっかり通ってから、やおら片栗粉を取り出し、水に溶かしてから加える。こうしたやり方では、滑らかなとろみになりにくく、ダマができてしまうことが多い。

片栗粉は使う直前、水に溶かすのはNG。あらかじめ水を加えて混ぜ、十分染み込ませておくことが大切なのだ。こうすることにより、ダマのないクリーミーなとろみを作ることができる。ただし、片栗粉は非常に沈殿しやすいので、使う直前に改めてよく混ぜることを忘れないようにしよう。

ご飯に芯ができたら炊き直す手も

●酒を加えて臭みをなくすのがコツ

水加減を間違えて、少なくしてしまった。あるいは、水につけておく時間が少なかった。こうして炊いたご飯は、少々硬いどころか、芯があって食べられない状態になることも多い。

炊くのに失敗して、ご飯に芯が残っていても捨てるのは早い。炊き直しにトライしてみよう。ただし、そのままで再度炊飯器のスイッチを押しても、炊き上がり具合は改善されない。

ご飯の固さにもよるが、失敗ご飯2～3合に対して、酒を大さじ1～1／2程度加えてから、もう一度炊くのがコツだ。酒を加えるのは、炊き直しで生じる臭みをなくすため。酒臭くなるのではと思うかもしれないが、火が入ると、酒自体の匂いはなくなるので安心しよう。炊き直しをしたくなければ、チャーハンや雑炊を作ればいい。

食べる前に
知っておきたい

トーストは冷たい皿で出す。
冷凍ご飯はレンチンを1回だけ。
クロワッサンは温めてすぐ食べる。
これらのことを何も問題ないと
思っているのなら大変だ。

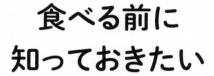

ゆで卵は殻をむきやすくするひと手間を

●食品保存容器に入れて振ればぐっとむきやすく

ゆで卵を作るときは、やや古めの卵を使ったり、殻に小さな穴やヒビを入れてからゆでたり、加熱後、氷水で急冷したりすると殻をむきやすくなる。しかし、新しい卵を使ったうえに、穴やヒビを入れ忘れ、冷蔵庫には氷がない……といった場合はちょっとしたピンチ。白身がぼろぼろ崩れてしまう可能性がある。

こうしたゆで卵の殻をきれいにむくには、ひと手間かけたほうがいい。高い効果が得られるのは、プラスチック製の食品保存容器を使うやり方だ。容器にゆで卵を入れ、水を1／3ほど加えて、フタをしっかり閉める。そして、容器を両手で持ってぶんぶん振り、殻に細かいヒビを入れて割りやすくするのだ。

容器の高さがある程度ないと、卵がフタに引っかかって動きづらくなるので要注意。また、同じ方向にばかり振ると、殻にヒビが入る場所も狭い範囲に限られてしまう。

前後、左右、上下など、あらゆる方向に振って容器の内側に打ちつけよう。振る時間は10秒程度でＯＫ。容器から取り出すと、殻の全面に細かいヒビがたくさん入っているはずだ。これで簡単に殻をむくことができる。

同じ考え方で、コップを使う殻むき方法もあるので紹介しよう。厚めの丈夫なコップに卵を入れて、水を卵の高さよりもやや少なめに加える。それから、片方の手のひらを飲み口にしっかり当ててふさぎ、食品保存容器を使う場合と同様に満遍なく振る方法だ。このやり方でも、細かなヒビが入るのでむきやすくなる。

プラスチック製食品保存容器を使う

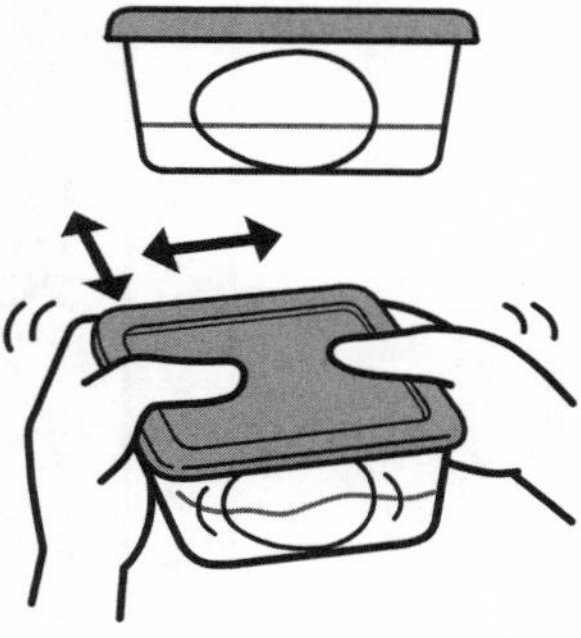

卵を入れ、容器の1/3程度の深さまで水を加えてよく振る。

コップを使う

卵を入れ、ひたひたの水を加えてよく振る。

ウズラの卵は尖ったほうを割る

●殻を少しむしり取ってさかさまに

ウズラの卵は生のまま、マグロやモズクに落として食べてもおいしい。しかし、卵が小さいだけに、ゆでた場合はともかく、生の状態では殻をむくのがやや面倒だ。

ニワトリの卵なら、側面を打ちつけて、ヒビが入ったところから割ればいい。だが、ウズラの卵でそのようにしても、薄皮が厚いこともあって、うまく中身をつるんと出すのは難しい。

次からウズラの卵を割るときは、側面ではなく、尖っている先端部分を打ちつけてヒビを入れてみよう。先端部分はよりカーブがきついことから、側面よりもヒビ割れた殻をつまみやすく、簡単にむしり取ることができる。殻全体の4分の1ほどもむしればOK。逆さにすれば、つるんと中身が出てくる。この方法でも殻がむしりにくい場合は、はさみか包丁で先端部分を少し切り落としてから逆さにしよう。

冷凍ご飯は2回解凍がポイント

●水分が飛んでまるで炊きたてに

ご飯はまだ熱いときにラップで包み、冷凍しておくと、いつでも炊きたてに近い味を楽しめる……はずなのだが、実際には電子レンジで解凍すると、ベチャベチャしておいしくないご飯になりがちだ。これはどうしたことなのだろうか。

冷凍ご飯の解凍は、じつは２ステップで行わないと、炊きたてのような状態にはならない。というのも、一度で解凍した場合、蒸発した水分がラップの内側につき、それがまたご飯に戻って、表面がベチャベチャになってしまうからだ。

上手に解凍するには、まずラップに包んだままの冷凍ご飯を電子レンジに入れ、１分半程度加熱。それから取り出し、ご飯をほぐしながら茶碗に盛って、ラップを軽くかける。そして、十分温まるまで再び過熱すればＯＫだ。これでベチャベチャしない、まるで炊きたてのようなご飯になる。

クロワッサンは温めてもすぐ食べない

●やや冷ましたらバターが固まってサクサクに

パンは焼きたてがおいしい。バターたっぷりのクロワッサンも同じだと、食べる前にオーブントースターで軽く加熱。こうするだけで、まるで焼きたてのような状態になり、バターの香りも強くなる。期待を込めて、熱々を口にすると……なんだかおいしくないのはなぜだろう。

パンの中でも、クロワッサンの温め直しには注意が必要。温め直すと、当然、バターが溶けるからだ。こういった状態のクロワッサンは、あのサクサクの食感を楽しむことができない。逆にやや軟らかく、しっとりした口当たりになる。

サクサクのクロワッサンを食べたいのなら、オーブントースターから取り出したあと、あら熱がやや取れるまで、数分おいておくようにしよう。こうすれば、いったん緩んだバターが締まるので、ベストの食感を味わうことができる。

トーストは冷たい皿が嫌い

●蒸発した水分が結露してベタベタに

オーブントースターで食パンを焼き、皿に盛って食卓へ移動。サクッとした食感を期待して口に運ぶと、意外にもふにゃふにゃの歯ごたえ。こうした場合、パンが高品質で、焼き方も悪くなかったのなら、皿への盛りつけが悪かった可能性が大だ。

焼きたてのパンを皿に盛る際、見過ごされがちだが、じつはやってはいけないことがある。冷たい皿にはのせないことだ。焼き上がったパンの表面からは、熱い蒸気がほかほか出ている。それなのに冷たい皿に盛りつけると、蒸気が急激に冷やされて水滴になり、パンが再び吸い込んでしまうのだ。この結果、焼いたばかりにもかかわらず、パンはふにゃふにゃした食感になってしまう。

焼きたてのパンを盛りつける皿は、前もって温めておこう。このひと手間で、表面がカリカリのパンを味わうことができる。

電子レンジの加熱し過ぎは爆発炎上に！

●サツマイモは11分半の加熱で爆発する

電子レンジはとても便利な調理機器。温め時間を設定し、スイッチをオンにするだけで、冷たくて食べられないものがおいしく変身する。しかし、操作の仕方を誤れば、大変なことになってしまう。使い方の間違いやカン違いは絶対になくそう。

たとえば、コンビニで買ってきた肉まん。買ってすぐには食べず、テーブルの上に置いていたら冷めてしまった。そこで、電子レンジに入れてチン。このとき、加熱し過ぎると恐ろしいことになる。ある実験では７００ｗで5分30秒ほど加熱すると、爆発して燃え上がったのだ。

生のサツマイモをふかす、といった使い方も危険。これも実験で、11分30秒加熱し続けた末に爆発してしまった。加工品も生の食材も、長時間温めるのは禁物。また、もしものことを考えて、加熱中は庫内が見える場所から離れてはいけない。

冷めたコロッケはフライパンで温める

●水分が飛んでパリッと復活

揚げたてのコロッケは食感がサクサク。ところが、冷えてしまったら、衣が水分を吸ってしんなりしてしまう。こうした冷えたコロッケでも、電子レンジを使うと簡単に温め直せるが、しんなり具合がさらにひどくなるので、やめておいたほうがいい。オーブントースターにアルミホイルを敷いて加熱する手もあるが、下になっていた衣が油臭くなるという欠点がある。

温め直した状態が最も良いのは、フライパンで軽く熱したものだ。まず、弱めの中火で2分ほど加熱してから裏返す。すると上側になったほうの衣の表面に、水分と油がにじみ出ているはずだ。これをキッチンペーパーで吸い取り、再度1分ほど加熱。温まったらキッチンペーパーの上にのせ、下側から出た水分と油分も吸い取ろう。これで中まで温かく、しかも衣がサクサクの揚げたてのような状態に戻る。

カニを食べるのに道具はいらない

●脚先側の関節のやや手前をポキッ

ズワイガニやタラバガニなど、カニはどれもがおいしいが、身が取りにくいのが玉にきず。ハサミで殻をばらばらにしたり、専用のカニスプーンで身をかき出さないと食べることができない。こう思ってはいないだろうか。

カニの身の中でも、身がたっぷり詰まっているのは脚。この極上の部分を食べるのに、じつは道具はいらない。手を使うだけで、スルッと身を取り出すことができる。

カニの脚の身を取り出すには、脚の内部の構造を理解しておく必要がある。カニの脚の中には食べられる身だけでなく、関節につながっている透明の長い腱が入っている。この腱が曲者《くせもの》で、身を取るのに邪魔になることが多い。

しかし、腱はその両端が関節まで伸びているわけではない。つながっているのは脚先側の関節だけなのだ。この構造からいって、身は脚先のほうから引き抜くのが正解。

こうすれば、腱と一緒に身がまるごとくっついてくる。

コツはへし折り方で、脚先側の関節部分から、やや内側を折るのがポイントだ。カニの殻は固いので、手で折れるのか？と思うかもしれないが、コツがあるのでトライしてみよう。カニの脚は、表の赤い側よりも裏の白い部分が軟らかい。そこで、白いほうを上側にして持ち、下に向けてグッと力を加えると、ポキッと折れやすいのだ。折れたら、関節部分のほうを引き抜けば、身がまるごと出てくる。手で折れない場合、折るべき場所の殻をハサミで割れば、同じように引き抜くことができる。

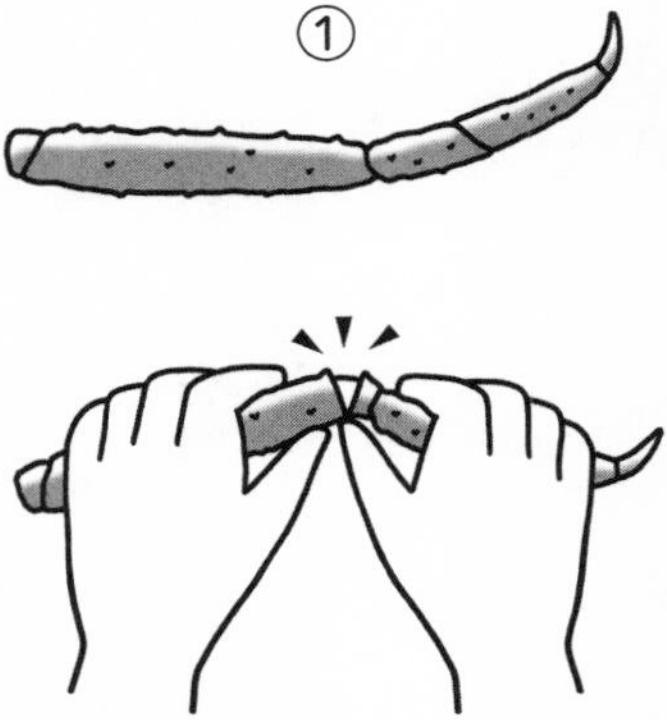
①
殻の白い部分を上にして両手で持ち、足先に近い関節部分のやや内側をへし折る。

②
関節部分を引くと、身がスルッと出てくる。

天津甘栗は爪を使わずにむける

●袋に入れて叩きつけると殻にヒビが

甘くてホクホクの天津甘栗は、大人も子どもも大好きなおやつ。しかし、殻をむくのに苦労することがある。親指の爪を強く当てて筋を入れ、両脇をギュッと挟んで割るのが基本だが、この方法では割れないことも少なくない。しかも、食べるうちに爪も指も痛くなってくる。そこで、もっといい方法を紹介しよう。

必要なのは1枚のビニール袋。これに甘栗を10粒前後入れ、袋の口を閉じるようにして持ち、まな板や丈夫な机などに、ガン、ガン、ガンと5回ほど叩きつけるのだ。こうすると、固い甘栗同士が激しくぶつかり合い、殻が砕けて、中身を簡単に取り出せるようになる。

爪を当ててむいた場合、はがしにくい渋皮が残ることが多いが、その点も問題ない。面倒な渋皮もはがれて、イライラすることもなくなる。

目利きの前に知っておきたい

肉や野菜を買うときは、
できるだけ上質なものを
選びたいのは当然。
目利きの前に知っておきたい
㊙常識を紹介しよう。

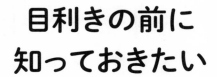

スイカを選ぶときは叩くだけではダメ

●反対側に片手を添えて振動を感じる

スイカを1玉で買うときは、さて、どれが甘いのかと、目利きのプロになったような気分で、ポンポン叩いてみるのではないか。まだ熟し切っていないものは音が高く、熟れ過ぎていたら低くて濁った音がするというのだが……。

実際、叩いたときの音を聞いて、甘いスイカを選ぶのは非常に難しい。ただし、実の詰まり方を判断することは十分可能だ。ポイントは両手を使うこと。片方の手のひらをスイカに当てて、その反対側をもう片方の手で叩いてみよう。

スイカの中身が詰まっているのなら、叩いたときの振動がそのまま大きく伝わってくるはずだ。一方、中身に空洞がある場合は、そこで振動が弱まって、片方の手まであまり伝わらない。音で判断するよりもずっと簡単なので、ぜひ試してみることをおすすめする。

甘いミカンはヘタの緑色が薄い

●濃い緑色のヘタは完熟でない印

ミカンはオレンジ色が濃いもの、あるいは高さがなくて平べったいもののほうが甘いといわれる。ところが、そのようなミカンを選んで袋詰めにしたのに、食べてみたら甘さはまちまち……。こういったことはよくあるので、もっと成功率の高いミカンの選び方を知っておこう。

注目するのはヘタの色。濃い緑色をしていたら、新鮮でおいしそうに思えるかもしれない。しかし、じつは一見、収穫して時間がたっているような薄い黄緑色のヘタのほうが甘い。ミカンが樹になっているとき、ヘタは最初濃い緑色をしているが、熟すにつれて薄くなっていき、黄色味を帯びるようになるのだ。

こうしたミカンの性質から、薄い黄緑色のヘタをしていたら完熟の証拠。かなりの高確率で甘いので、次からはこの選び方をしよう。

肉は陳列棚から出してチェック

●照明で鮮やかな色に演出している可能性が

スーパーの陳列棚に並んでいる肉は、どれもすこぶるおいしそうに見える。牛肉は鮮やかな赤色をしており、豚肉の赤身はピンク色で、鶏肉は薄めの桜色。こうした肉なら新鮮に違いないと、買い物カゴに入れる。しかし、レジでお金を払ったあと、カゴの中を見て驚いた。エッ、こんなくすんだ色の肉だったっけ⁉　こうした経験をしたことがないだろうか。

陳列棚の肉がきれいに見えるのには理由がある。赤みがかった色をより鮮やかに見せる特殊な業務用の照明で棚を照らしているからだ。この照明のもとでは、少々くすんだ色の肉でも、食欲をそそられる見た目に一変する。陳列棚の中で見る色味はまったく当てにならないのだ。肉を買うときは、パックを必ず手にとって通路側の照明に当て、本当の色を確認してからにしよう。

レタスは軽いものを選ぶ

●重いものは育ち過ぎで軟らかくない

レタスを1玉で買うときには、複数のものを手に取って、重さを比べるようにしよう。では、買うべきなのは重いほうか軽いほうか。当然、重いほうが中身が詰まっているのでおいしいはず……と思うかもしれないが、じつはまったく逆だ。

重たいものは、1枚1枚の葉が厚くて固い傾向があり、食べたときに、レタスならではの軽めのシャキシャキ感をあまり感じることがない。しかも、収穫が遅れて、苦みが出ている可能性もあるのだ。また、ややいびつに高さがあるレタスも、育ち過ぎて芯が伸びていることが多く、やはり苦みのある場合が少なくない。

レタスを買うときは、いくつかを手に取って比較して、見た目の大きさに比べて軽めのものを選ぶようにしよう。こうしたもののほうが巻きが緩く、固くない適度な食感を楽しめる。

冬キャベツは重く、春キャベツは軽いものを

●同じキャベツでも選ぶポイントは正反対

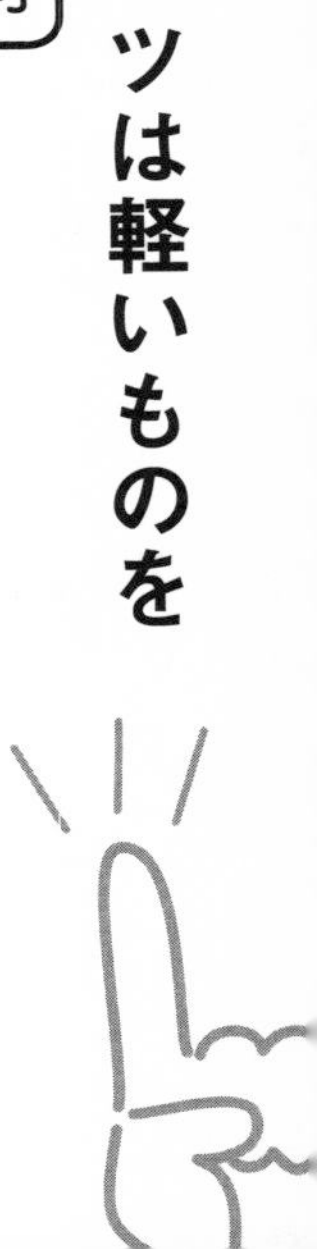

キャベツは大きく分けて、冬キャベツと春キャベツの2タイプがある。その名のように前者は冬、後者は春に収穫されることが多い。

冬キャベツは結球が固く締まっていて、炒め物やロールキャベツなどによく使われる。一方、巻きがふんわりしている春キャベツは軟らかいのが特徴で、サラダなどで生食するのにぴったりだ。

ふたつのキャベツは、このように持ち味が随分異なっている。それもそのはず、じつは違う品種なのだ。そして、目利きの重要ポイントにいたっては正反対なので、間違った選び方をしないように注意が必要だ。

選ぶ際に大きな判断基準となるのは重さ。1玉を買う場合は、必ず手に持って重さを計るようにしよう。

冬キャベツはずっしりした重さを感じるほうがいい。そのほうが葉と葉の間にすき間がなく、巻きがしっかりしている。

これに対して、春キャベツは見た目の大きさに比べて、軽さを感じるものを選んで買い求めよう。こうした玉のほうが巻きが緩くて、1枚1枚の葉が軟らかいことが多いからだ。

また、1／2にカットされたキャベツの場合、冬・春ともにチェックすべきなのは芯の長さ。玉の半分よりも長いものは、成長し過ぎている可能性がある。固かったり、苦かったりすることが多いので、避けるようにしよう。

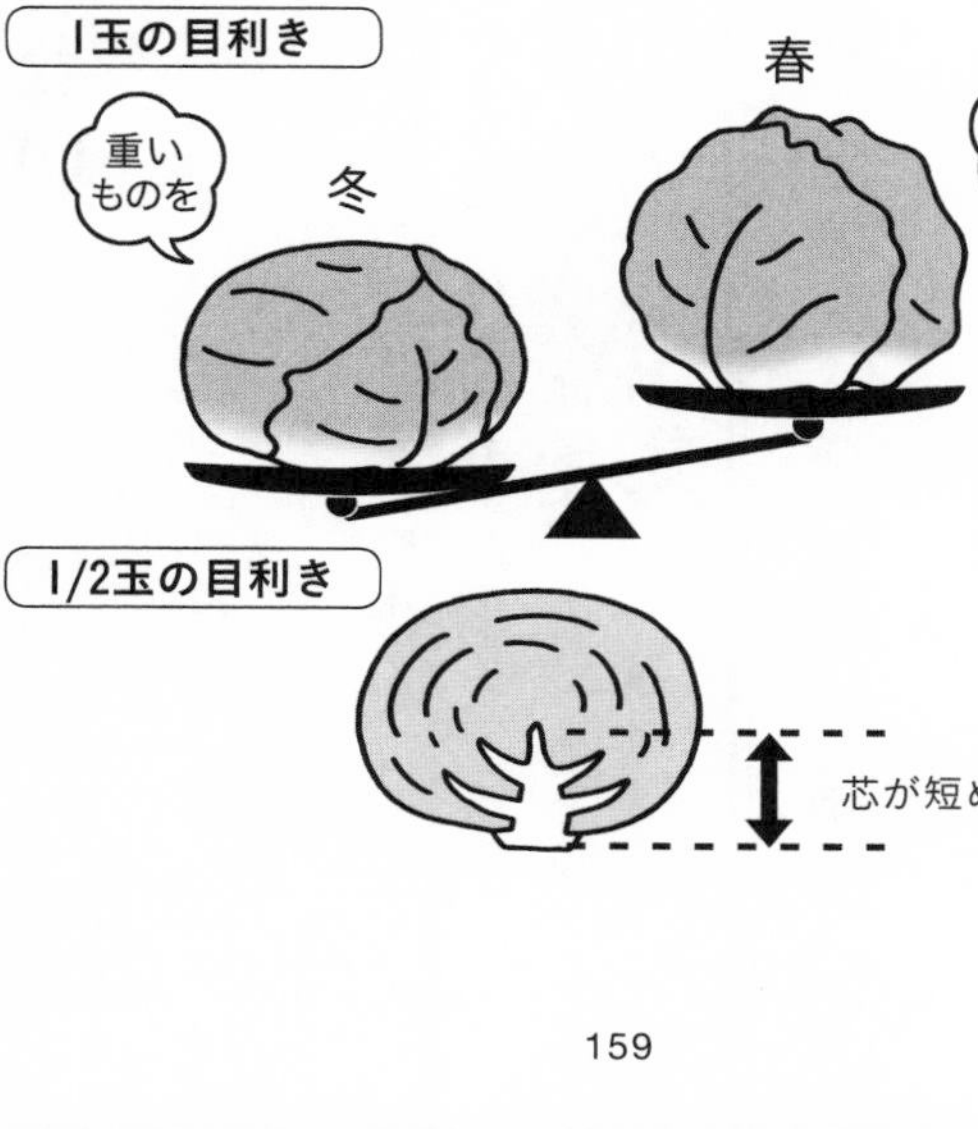

冬キャベツは重いもの、春キャベツは軽いものを。
芯が短めのものを。

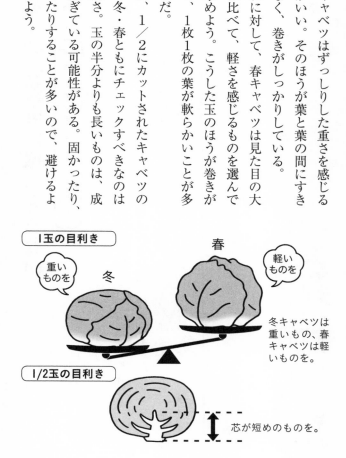

野菜は見かけの鮮度に惑わされない

●その鮮度の良さは蘇生処置によるものかも

食品売場の青果コーナーでは、葉がピンと立ったみずみずしい葉物野菜が販売されている。まるで、けさ収穫してきた朝採り野菜のようだ。けれども、鮮度が良さそうなのは見た目だけで、じつは収穫後、日にちが随分たっている可能性があることを知っているだろうか。

スーパーに届けられた箱詰めの葉物野菜は、しなしなになっていることが少なくない。それも当たり前の話で、収穫後、複雑な流通経路を経て、産地から何日もかけて輸送されるからだ。

しなっとした見た目の悪い野菜は、そのまま売場に並べても手を伸ばされないだろう。そこで、売場に出す前に、客の知らないある作業が行われる。バックヤードで水をかけたり、水槽に浸したりして、見た目の新鮮さを復活させるのだ。この作業は業

界で「蘇生」と呼ばれている。

スーパーで行われる蘇生作業は、別にズルいことではない。野菜を購入したのち、しばらく水につけてからサラダなどにしている人はいるだろう。このひと手間によって、野菜は水を吸ってシャキシャキになる。これもいわば蘇生のための作業で、スーパーで行われていることと変わりはない。

ただし、スーパーで蘇生処置をされている野菜には問題がひとつある。収穫後、時間がたっているので、栄養をいくらか失っていることだ。いったん失われた栄養は、蘇生処置をされても復活しない。にもかかわらず、見た目はパリッとしているので、客は鮮度が良くて栄養もあると誤解してしまうのだ。

見た目にごまかされず、本当に鮮度が良く、栄養たっぷりの野菜を買いたいのなら、地元産か、できるだけ地元から近い産地のものを選ぶようにしよう。輸送時間が短くて済むので、こうしたもののほうが鮮度がいいのは間違いない。ほかには、産地名入りのぴっちりしたラッピングを施されているものもお買い得だ。これらは蘇生の処置をされていない可能性が高く、見た目の鮮度をそのまま信じていいだろう。

ブロッコリーは紫がかっているほうが甘い

●紫色はアントシアニンの色

いかにも栄養が豊富に含まれていそうな濃い緑色のブロッコリー。しかし、寒い時期に売られているものの中には、やや紫色をしているものもある。

こういったブロッコリーは、何だか病気のようで気味が悪いから買いたくない。こう思う人もいるだろうが、もったいないことだ。じつは緑色のブロッコリーよりも甘くておいしいので、見つけたらぜひ買うようにしよう。

ブロッコリーの紫色の正体は、アントシアニンという色素。ブルーベリーなどにも多く含まれており、強い抗酸化作用を持っている物質だ。ただし水溶性なので、ゆでているうちに溶け出て、ゆであがりは通常のブロッコリーの緑色に戻る。

ブロッコリーの葉やつぼみでアントシアニンが増えるのは、多くの場合、寒くなったことが原因だ。植物は光合成によって栄養分を生成している。けれども、低温が続

く時期には生育が低下し、せっせと作り出した栄養分を使い切ることができない。そこでアントシアニンの出番となる。

光合成はクロロフィル（葉緑素）が太陽光と二酸化炭素、水を利用して行う。アントシアニンには、この光合成に必要不可欠な太陽光を吸収する働きがあるのだ。葉や茎、つぼみなどの表面にアントシアニンが増えると、光を弱めるサングラスのような役割を果たし、光合成の働きが弱まる。その結果、作り出される栄養が少なくなり、寒さによって低下した生育とつり合うようになるのだ。

以上のメカニズムから、ブロッコリーの紫色は寒さの中で成長したことを示すサインといっていい。寒くなると、氷点下になっても細胞が凍らないように、多くの冬野菜は体の中に糖を蓄えるようになる。ホウレン草などは霜にあたるたびに甘くなる、といわれるほどだ。

ブロッコリーも同じで、アントシアニンが必要なほどの低温の環境では、糖度が増して甘くなっている。つまり、紫色のブロッコリーは甘くておいしい可能性が高いので、買わない手はないというわけだ。

ニンジンはつけ根が小さなものを選ぶ

●つけ根の部分が大きいと芯も大きい

β-カロテンをたっぷり含むニンジンは、緑黄色野菜の代表。ただ、ものによっては、芯に近いところがやや固いことがある。できるだけこの部分が少ないニンジンを購入したいものだ。

ニンジンの芯の大きさは、葉を切り取った部分をチェックすればすぐにわかる。この切り口が小さければ固い芯の部分も細く、逆に大きければ芯は太いのだ。太いニンジンでも、切り口が大きいものは固い部分がやたらに多い可能性が高い。一方、やや細めのニンジンでも、小さな切り口のものは意外にお得ということになる。全体の大きさと切り口を見比べて、軟らかい部分が多そうなものを選ぶようにしよう。

また、買う前には色味なども要チェック。鮮やかなオレンジ色で、表面がなめらかなもののほうが味がいい。

保存の前に知っておきたい

バナナは寒さが嫌いだから常温で。
オクラは野菜室に入れて保存。
栗は新鮮なうちに食べる。
これらの方法はすべてNG。
知識を入れ替えるチャンスだ。

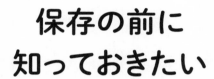

バナナはポリ袋に入れて野菜室へ

●低温で追熟が止まり、保存性がぐっと高まる

バナナは熱帯の果物なので、常温で保存するのが常識。しかし、夏場などにはどんどん熟して、実が黒ずんで食べられなくなることもある。こうした失敗を避けたいなら、常温の場所におかないほうがいい。保存するべき場所は冷蔵庫の野菜室だ。

じつは、バナナは気温が13・5℃以下になると熟成がストップする。この性質により、ほど良く熟してから野菜室に入れておくと、1週間程度はおいしい状態をキープするのだ。ただ、皮は低温障害を受けて黒ずむので、見た目は非常に悪くなる。

バナナを野菜室で保存するときは、1本ずつばらして、湿度を保つために新聞紙に包み、さらにジッパーつき保存袋に入れるのがベストだ。袋に入れるのは、成熟を促すエチレンガスがバナナから出るため。密閉しておけば、このエチレンガスがほかの野菜や果物に影響を与えなくて済む。

キウイフルーツはひと晩密閉してからむく

●エチレンガスの作用でつるんとむける

果物の中でも、キウイフルーツは皮がむきにくい筆頭かもしれない。半分に切って、スプーンですくい取ることもできるが、形が悪くなるのでサラダの彩りにする場合は映えない。しかし、ある工夫をすれば、皮をむく作業はごく簡単だ。

まず、キウイの一部を指で少し押してへこませ、ジッパーつき保存袋に入れてひと晩おいておく。へこまされてストレスを感じたキウイは、成熟を促すエチレンガスを分泌。これでキウイに含まれる酵素が活性化し、皮と実の部分が離れやすくなる。

翌日、袋から取り出したら、熱湯に30秒ほどつけ、次いで冷水に15秒程度さらしてみよう。この高温から低温への急激な変化により、さらに皮がむけやすくなる。こうした工程により、包丁を使わなくても、指だけで皮をつるんとむける。皮にほとんど実がつかないのもメリットだ。

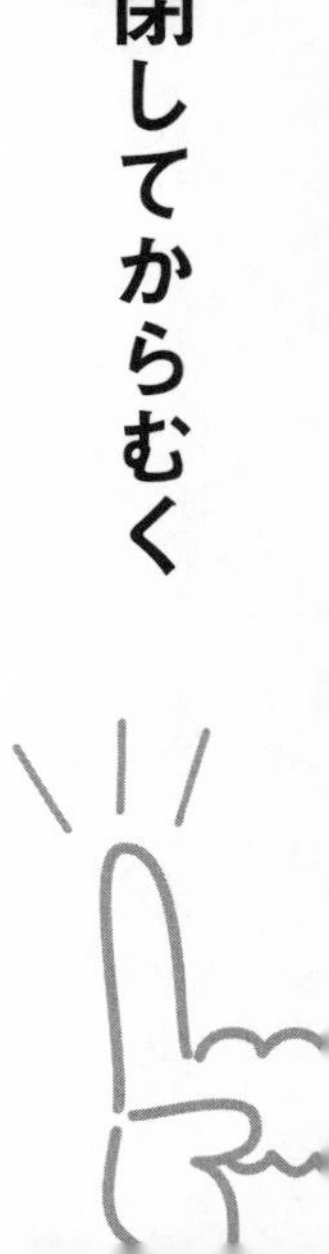

オクラはコップに立てて保存

●ヘタを水につけると新鮮さが長持ちする

ネバネバ野菜のオクラは夏が旬。ゆでたり焼いたりはもちろん、生を細かく刻んで和え物にしてもおいしい。ただ、ひとつ気になるのが、野菜室で保存していると、数日たたないうちに黒ずんだ斑点や筋が出てくることだ。

オクラはアフリカやインドなどの熱帯が原産なので、寒さには非常に弱い。6℃〜7℃の野菜室は冷た過ぎる環境なので、低温障害を起こしてしまうのだ。

また、オクラに豊富に含まれている鉄分も変色につながる。栽培中や収穫時、オクラの表面に何かが触れてキズがついてしまうと、そこから鉄分が空気に触れて酸化し、だんだん黒くなっていく。

こうして黒い斑点が出た場合、色が変わっているのは表面だけで、中身はそれほど劣化していないことも多い。とはいえ、やはり見た目が悪く、食欲が湧かなくなるの

は確か。できるだけ美しい緑色をキープしたまま保存したいものだ。

では、オクラのより良い保存の仕方を紹介しよう。まず、ヘタを下にしてコップの中に入れる。逆さまのように思うかもしれないが、じつはこれがオクラが畑でなっている状態。オクラの実は先端を空に向けて伸びるのだ。

コップには水を深さ1㎝ほど入れて、ヘタの部分がつかることを確認する。置き場所は常温の室内。夏場は水が傷みやすいので、必ず毎日、取り換えるようにしよう。こうして低温を避けて水分を補給すると、黒ずむのをかなり抑えることができる。

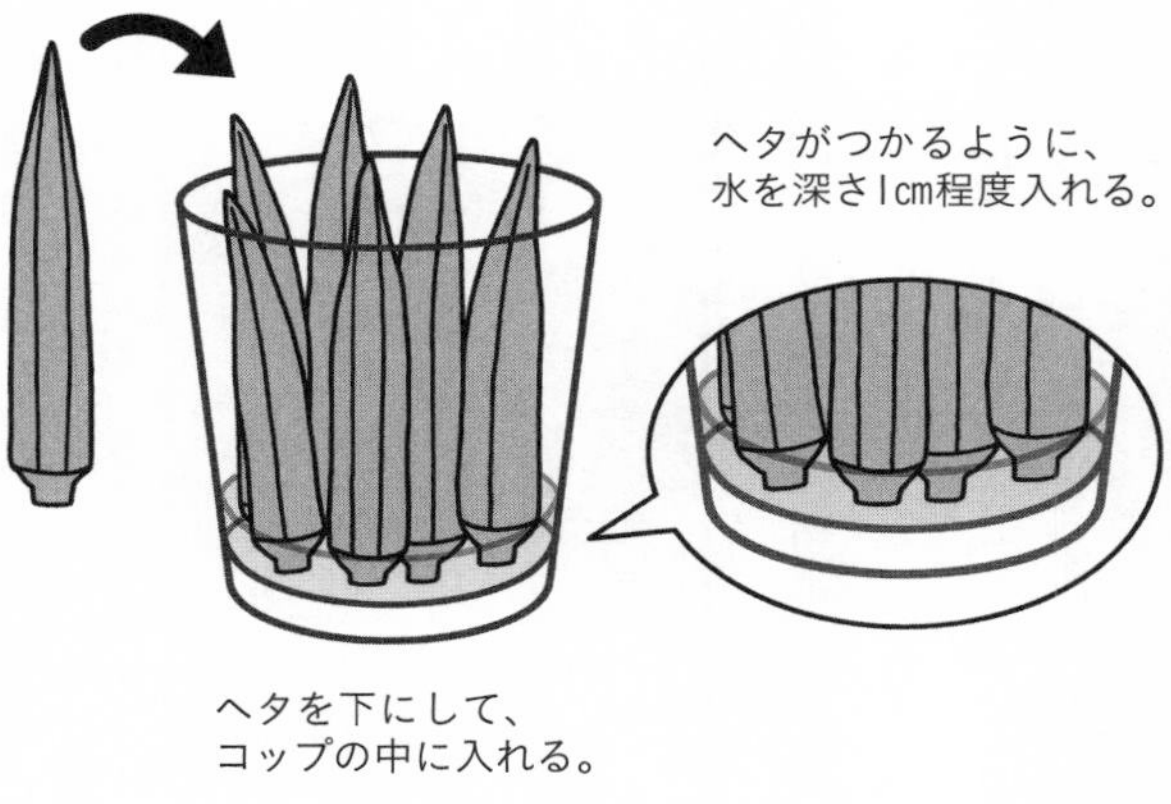

ヘタがつかるように、
水を深さ1cm程度入れる。

葉つきの大根は劣化する一途

●葉が栄養と水分を吸い上げてスカスカに

大根は葉がない状態で売られていることが多いが，葉つきのものを見かけたらラッキーだ。葉の部分は栄養たっぷりの緑黄色野菜なので、迷わず買い求めよう。ただし、こうした大根を買った場合、問題なのは保存方法。通常のように、冷蔵庫の野菜室にそのまま入れておくのはＮＧだ。

やってはいけないのは、大根に葉をつけたままで保存すること。こうしておくと、葉はまだまだ生長しなければと、根から栄養と水分を吸い続ける。その結果、根にはみずみずしさがなくなり、やがてスカスカになってしまうのだ。

葉つきの大根を買ったら、すぐに葉と根を切り離して保存するようにしよう。切り取った葉はしなびやすいので、できるだけ早めに食べるのがおすすめだ。多くてなかなか食べ切れないようなら、ゆでてから冷凍保存してもいいだろう。

新タマネギの常温保存はNG

●傷みやすいので冷蔵庫の野菜室へ

タマネギはジャガイモなどと並んで、保存するのがとても簡単な野菜。常温の風通しの良い場所においておけば、夏場以外は2か月ほどはもつ。だが、新タマネギは別だ。普通のタマネギのように保存すると、ほどなく傷んでしまう。

年中出回っているタマネギが長持ちするのにはわけがある。保存性を高めるため、収穫後、十分乾燥させているのだ。これに対して、新タマネギは収穫後、乾燥させることなく、すぐに流通に乗せて消費者のもとに届く。このため、普通のタマネギよりもずっと水分を多く含んでおり、軟らかくて傷みやすい。

こうした新タマネギの保存場所としては、常温ではなく冷蔵庫の野菜室が適している。キズがつくとそこから傷むので、洗わないほうがいいだろう。ポリ袋に入れて、軽く口をしばって保存しよう。

ホウレン草は買った袋に入れて保存

●水分が抜け出にくいので鮮度をキープ

ホウレン草などの青菜は、保存しているうちにしおれやすい。4～5日もたったら、もうしなしなになって、残ったものを使う気にならない……。こういったことが多い場合、保存の仕方が間違っているのだろう。

青菜は多くの場合、袋入りで野菜売場に並んでいる。購入後はこの袋から全部出し、使い残しはラップなどに包んで野菜室に入れておく人がいるようだ。しかし、その保存の方法では、劣化がどんどん進んでしまう。

青菜を保存するのにベストなのは、もともと入っていた袋。かなり厚めの仕様で、水分を保持しやすい造りになっているのだ。使い残しはこの袋に戻し、上部をしっかり閉めてから野菜室に入れておこう。こうしておけば、10日ほどは鮮度をキープしたまま保存することができる。

栗は冷蔵庫で冷やすと甘みが増す

●低温のもとではでんぷんが糖に変化する

秋の味覚を代表する栗。そのまま炒っても栗ご飯にしてもおいしいが、もっと味わいをアップさせたいなら、買ってすぐには食べないほうがいい。保存するのは冷蔵庫。野菜室に入れておくのがいいように思えるかもしれないが、もっと冷たい場所のほうが適している。0℃に近い低温のチルド室で保存しよう。

チルド室に入れられた栗は、凍る直前の温度に対応し、蓄えているでんぷんを糖に変える。こうすることによって、植物の体は凍りにくくなるからだ。これはよくある反応で、真冬に収穫するホウレン草が甘いのも同じメカニズムで説明できる。

栗をチルド室で保存すると、甘さが4日で2倍、20日ほどで3倍にもアップする。これ以上はもう甘くならないので、3週間たったら早めに食べるようにするか、冷凍しておくのがいいだろう。

余ったナスは冷凍して鮮度をキープ

●凍ったまま調理OKなのもうれしい

ナスは1袋に3～4個入りで売られていることが多い。1人暮らしや家族が少ない場合は、これらを一度に食べるのはちょっと無理。使った残りは冷蔵庫の野菜室に入れておくのが一般的だろう。しかし、ナスは熱帯が原産なので寒さに弱く、ほどなく低温障害を起こしてしなしなになってしまう……。

こうしたことから、使い切れずに捨てられることも少なくないナス。だが、これからは最後まできっちり有効に利用しよう。すぐに食べない場合は野菜室ではなく、冷凍庫に入れておくのだ。

ナスは中身が軟らかいスポンジ状なので、冷凍したあとで解凍すると、ふにゃふにゃになって食べられないのではないか。こう思う人が多いかもしれないが、ナスは生のまま冷凍でき、料理の味をとくに損なうこともない。

生のナスを冷凍するにはふたつの方法がある。ひとつはあらかじめ輪切りや乱切りにし、使いやすい大きさにしてから冷凍するやり方だ。使うときには解凍する必要はない。凍ったまま煮たり炒めたりしよう。

もうひとつの方法は、切らないでそのまま冷凍すること。この場合、凍ったまま電子レンジで加熱すれば、手軽な蒸しナスになる。水分が膨張して爆発しないように、ヘタを切り落としてからレンジに入れよう。蒸し上がったら、めんつゆなどにつけるだけで、手軽なお浸しのできあがりだ。どちらの方法も、ジッパーつき保存袋に入れて冷凍する。保存期間は約1か月が目安だ。

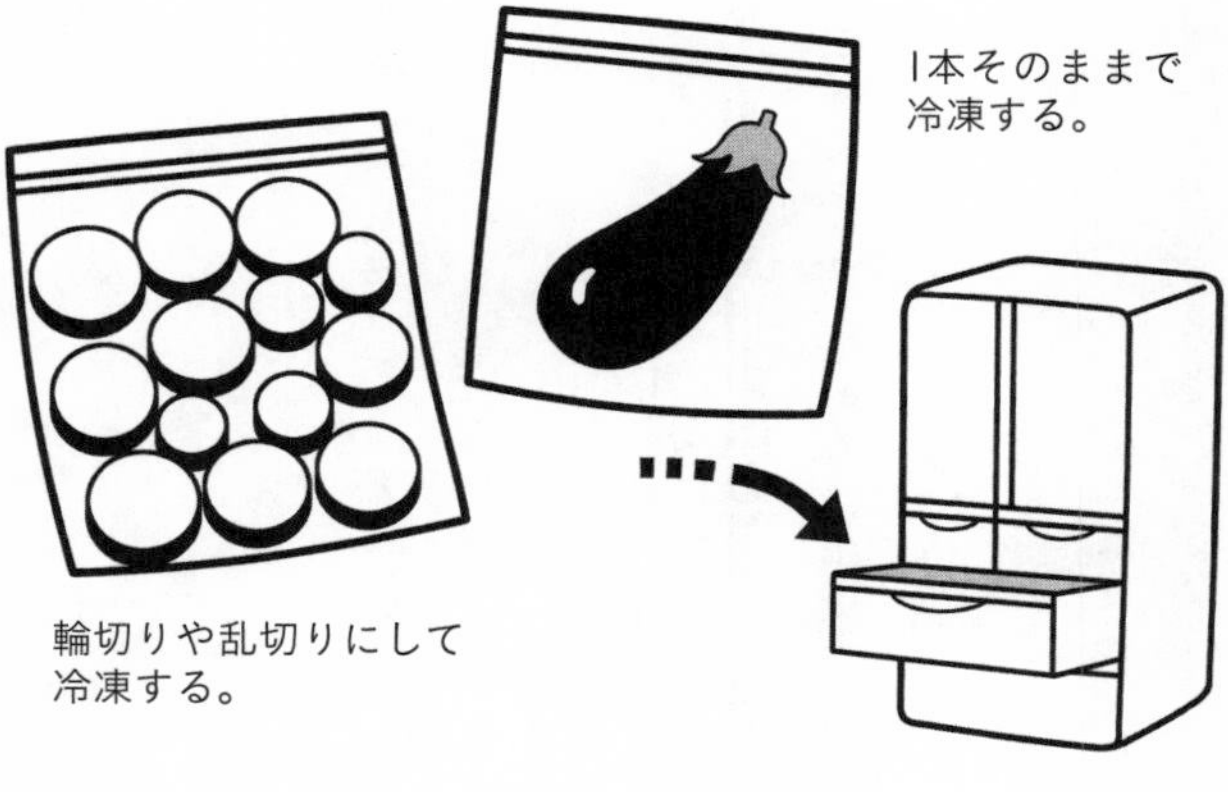
1本そのままで
冷凍する。
輪切りや乱切りにして
冷凍する。

モヤシはいったん封を切って保存

●袋の中に空気を入れてあげる

モヤシを買ってきたものの、すぐには使わずに冷蔵庫で保存。こうするとたった2～3日で変色したり、袋に水がたまったりしてしまう。モヤシ特有の臭みも強くなり、食べないで捨ててしまったことのある人もいるだろう。

モヤシは非常に劣化しやすい野菜なので、保存の仕方には十分注意しなければならない。まず大事なのは、家に帰ったら袋を開封することだ。そして口を開けっぱなしにはしないで、クリップや輪ゴムなどでしっかり閉じておく。モヤシは生きた若芽。袋の中でも盛んに呼吸をするので、封が閉じられていると酸素が足りなくなる。そこで、いったん開封して酸素を供給してあげるのだ。

ただし、開けっ放しにして、空気に触れ続けていると変色しやすいことから、再び封を閉じるのが肝心だ。これで袋の中の酸素量は適正になり、劣化が遅くなる。

じつはモヤシは冷凍できる

●細胞が壊れて味の染み込みが良くなる

モヤシは野菜の中でも格別安価で、ときには特売により1袋数円から10円程度で販売されることもある。こうしたお買い得品を見つけたら、つい2袋、3袋と買いたくなるが、モヤシは鮮度が落ちやすいのが弱点。チルド室に入れておくと成長が止まって長くもつが、それでも1週間足らずで劣化してしまう。

モヤシを多めに買ったときは、じつは冷凍しておくのがおすすめだ。水分が多そうなことから、冷凍に向かないようなイメージもあるが、意外に味わいを損なわずに冷凍できる。凍ると細胞が壊れるので、シャキシャキ感は少しなくなるが、その分、スープなどにしたときの味の染み込み具合は良くなる。冷凍する前には、袋から出して軽く洗っておこう。このひと手間で、モヤシ特有の臭みが少なくなる。洗ったら、水気をしっかり切って、ジッパーつき保存袋に入れて冷凍しよう。

米は2～3週間で食べ切れる量を買う

●精米後に酸化が進んで味が落ちていく

米はたっぷり10kgほど入っている袋のほうが、少量を買うよりも割安の場合が多い。お金のことを考えれば、つい多めに買いたくなるだろう。しかし、米は野菜と同じ生鮮食品。野菜が収穫後、栄養や味わいを失っていくように、精米後は酸化がはじまり劣化していく。味を優先するのなら、米は少なめの量を買うのが正解だ。

大量に買えば、保存するうちに一層劣化しやすくなるのも良くない。米は22℃以上になると、虫が湧きやすくなる。このため、密閉できる容器やペットボトルなどに入れて、冷蔵庫の野菜室で保存するのがベストだ。しかし、大量に買うと、野菜室には入り切らないだろう。仕方なく、常温の場所で保存せざるを得ないので、劣化がなおさら進みやすいというわけだ。米が本当においしいのは精米後2～3週間なので、この間に食べ切れる量を買うようにしよう。

ご飯の冷凍はアルミホイルに包んで

●熱伝導率が高くなって急速冷凍される

ご飯を冷蔵庫で保存するのはＮＧだ。生の米に含まれているでんぷんは固くて消化できない「βでんぷん」と呼ばれる状態で、水を加えて加熱することにより軟らかい「αでんぷん」に変化する。しかし、αでんぷんは０℃近い低温にさらされると、βでんぷんに戻る。まさにこういった温度帯の冷蔵庫で保存するのは、軟らかく炊けたご飯がまずくなる最悪の手段なのだ。残ったご飯は冷凍庫で保存するようにしよう。

冷凍する場合、ラップで包んでそのまま冷凍庫に入れることが多いのではないか。これでも悪くはないが、もっと良い方法が、さらにアルミホイルで包んでおくことだ。アルミホイルは熱伝導率が高いので、冷気がご飯に素早く伝わって、もっと短時間でカチンカチンになり、炊き上がりの状態をよりキープできる。なお、電子レンジで解凍するときは、もちろんアルミホイルははずしてから加熱しよう。

冷凍のトーストは焼く前にひと手間を

●格子状の切れ目を入れると火が通りやすい

パン屋で焼きたての食パンを買っても、残った分を常温の場所で保存しておくと、おいしさは半減してしまう。1枚ずつジッパーつき保存袋などに入れてから冷凍しよう。焼くときは解凍しないでそのまま焼けばいい。

4枚切りなどの厚めの食パンを冷凍したときには、焼く前にひと手間を加えると、より味わいがアップする。包丁で十文字、もしくは大きめの格子状に切り込みを入れてから焼くのだ。こうしておくと火が入りやすく、短時間で焼き上がるので、切れ目部分が一層パリパリになり、中は水分を保ってふわふわになる。ただし、薄い食パンの場合、火が入り過ぎてパサパサになることがあるのでやめておこう。

もちろん、買った当日に焼く場合も、切れ目で同じ効果が期待できるが、軟らかくて包丁が入りづらい。凍った食パンなら、簡単に切れ込みを入れることができる。

のりの袋は冷蔵庫から出してすぐに開けない

●常温に戻してから開封しないと湿気る

のりは口に入れたときのパリパリ感が命。少しでも湿気ってしまうと、のりならではの張りを失ってしまう。加えて、湿度だけではなく高い温度や光にも弱く、キッチンのテーブルなどの上に置いておくと、しだいに劣化していく。張りや風味を保つには、湿度や温度が低くて安定し、光もない冷蔵庫で保存するのが正解だ。密閉できる袋に入れて空気を抜き、さらに乾燥剤を入れておくと品質を一層保つことができる。

ここまでは守っている人が多いだろうが、注意しなければならないのは使うとき。冷蔵庫から取り出して、すぐに使うのは避けなければいけない。冷たいのりが室内の空気に触れると、温度差によって結露し、あっという間に湿気ってしまうのだ。冷蔵庫から出して、常温の室内に10分ほどおき、のりと空気の温度差がなくなってから開封するようにしよう。

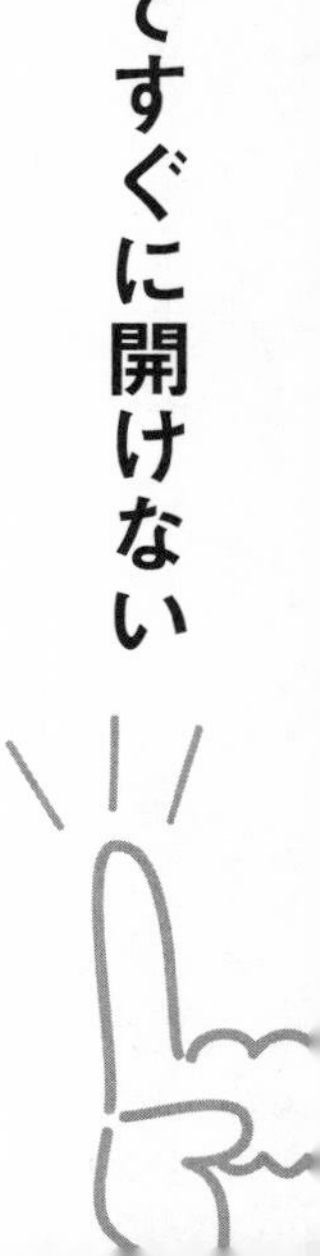

古くなった煎茶は炒って復活

●フライパンで炒るだけでほうじ茶に変身

煎茶を買ったものの、飲み切れないまま古くなり、食器棚の中に眠っていることはよくあるのではないか。鮮度が落ちるにしたがって、手が伸びなくなっていき、最後はもう捨てるしかないとゴミ箱へポン……。こうした行動はじつにもったいない。古くなった煎茶は、香り高いほうじ茶に変身させてみよう。

やり方は簡単だ。フライパンや厚手の鍋に煎茶を入れて、焦げないように動かしながら、1～2分乾煎りするだけ。良い香りが立ってきたら火を止め、皿などに広げて冷ましてから使おう。古くなった煎茶に細かい粉が多い場合は、焦げやすくなるので、茶こしでふるってから乾煎りするといい。

ほうじ茶はほうじたてが最も香りが高くておいしいので、飲むたびに炒って使うのがおすすめだ。1杯分を大さじ1程度と換算し、炒る量を調整しよう。

【早引きインデックス】

野菜

〈主な参考文献〉

○『魚の食文化と調理―伝統的魚料理から見た和食文化―』（大妻女子大学名誉教授 下村道子）
○『卵が固まる温度について』（青山学院大学教授 福岡伸一）
○『おいしさの科学』（松本仲子／幻冬舎）
○『下ごしらえと調理のコツ便利帳』（松本仲子・監修／成美堂出版）
○『下ごしらえと調理テク』（松本仲子・監修／朝日新聞出版）
○『ニッポン人の西洋料理』（村上信夫／光文社）
○『だれも教えなかった料理のコツ』（有元葉子／筑摩書房）
○『料理のコツQ＆A』（山中英司／家の光協会）
○『服部幸應の料理のジョーシキ・ヒジョーシキ』（服部幸應・監修／主婦と生活社）
○『ギモン以前の料理のキホン』（浜内千波・監修／日本文芸社）
○『調理の新常識』（浜内千波／主婦と生活社）
○『科学でわかる料理のツボ』（左巻健男 稲山ますみ・著／学習研究社）
○『台所科学 ワザいらずの料理のコツ』（内田麻里香／角川ＳＳコミュニケーションズ）
○『調理以前の料理の常識』（渡邊香春子／講談社）
○『ごはんがおいしくなる キッチンの法則１３５』（オガワヒロコ・監修／リベラル社）
○『これがほんとの料理のきほん』（しらいのりこ／成美堂出版）
○『主婦が知らないとヤバイ 料理の基本とコツ』（武蔵裕子・監修／秀和システム）
○『調理 保存 食べ方で 栄養を捨てない食材のトリセツ』（落合敏・監修／主婦の友社）
○『お料理1年生』（主婦の友社）
○『ＮＨＫためしてガッテン 食育！ビックリ大図典』（ためしてガッテン制作班・監修、北折一・著／東山書房）
○『ＮＨＫためしてガッテン カンタン！極うま！火加減レシピ』（ＮＨＫためしてガッテン料理班／メディアファクトリー）
○『きょうの料理ビギナーズ』２０１３年９月号／10月号（ＮＨＫ出版）
○『覚えておきたい！料理の基本１２３』（扶桑社）

〈主な参考ホームページ〉

○文部科学省…食品成分データベース
○東京消防庁…電子レンジを安全に使用しましょう！
○関東学院大学…栄養学部教員コラムｖｏｌ．25
○日本植物生理学会…みんなのひろば 植物Ｑ＆Ａ
○製糖工業会…よくある質問
○全国食肉生活衛生同業組合連合会／都道府県食肉生活衛生同業組合…これだけは知っておきたいお肉のＡＢＣ
○日卵協…タマゴＱ＆Ａ
○ＮＨＫ らいふ…ふわふわの大根おろしをつくる方法／キウイフルーツの皮をつるんと手でむく方法／電子レンジで冷凍ごはんをおいしく解凍するコツ／コロッケを温め直す方法／野菜のメキキ キャベツ編／香りがよくておいしいのりの見極め方法とのりの保存法
○ＮＨＫガッテン…ガッテン！春のトースト祭り／最新焼き肉術！いつもの焼肉が高級店の味に／フライ料理 パン粉に霧吹きで衣がサクサクに／身の詰まったスイカ 選ぶポイントは「振動」
○ＮＨＫ すいエんさー…カニを道具を使わずキレイに食べる方法
○みんなのきょうの料理…たたききゅうりのごま塩あえ
○ａｓａｈｉ．ｃｏｍ…ののちゃんのＤＯ科学
○日経ＢＰ…冷凍した肉や魚、おいしく解凍する裏ワザ
○ＮＩＫＫＥＩ ＳＴＹＬＥ…古くなった煎茶をおいしく ほうじ茶アレンジが楽しい
○ＪＡありだ…みかんの美味しい見分け方
○パナソニック…【ジャー炊飯器】洗ったお米をすぐに炊飯してもよいか？
○カゴメ ＶＥＧＥＤＡＹ…野菜を調理する／野菜を選ぶ・保存する
○キユーピー…素材と料理の基本
○伊藤ハム お肉百科…調理一般に関する情報
○ニチレイフーズ ほほえみじかん…【魚の正しい冷凍】臭みが気になるなら、方法が間違っているかも⁉／柿の切り方・食べ方をプロが解説！正しい保存方法も！／【なすの冷凍】丸ごと冷凍して1ヵ月保存するテクニック／「もやし」って冷凍できたんだ！正しい保存法とアレンジレシピ

○Ｄｏｌｅ…バナナの保存方法
○モランボン…おうち焼肉のススメ
○エバラ食品…吹きこぼれを防ぐ裏ワザ、試してみました！
○長谷工グループ ブランシエラマガジン…今さら聞けない料理のアレコレ
○豆苗研究会…再生栽培のコツ
○クックパッド…鍋のアク取りって本当に必要なの？
○ＦＯＯＤＩＥ…失敗しないあさりの砂抜き法はこれ！／プロ直伝！キレイに切ると美味しくなる、刺身の正しい切り方
○和平フレイズ…鉄製品の特徴・お手入れ
○山形味の農園…味の農園クッキング＆レシピ
○小野園…お茶が古くなってしまったら
○伊賀焼窯元 長谷園…土鍋のお手入れ
○船橋かねはち水産…プロが教える ホンビノス貝オススメの焼き方
○無印良品…商品ごとのよくあるご質問
○大地を守る会…～新米でもベチャっとしない～おいしい炊き込みご飯のコツ
○アマノ食堂…【コンニャクの下処理】簡単３ステップ！下茹でとアク抜きのコツ
○ブランジュリー ラボンダンス…美味しく召し上がっていただくために
○Ａｌｌ Ａｂｏｕｔ…栗のおいしさを保つ保存方法！冷蔵・冷凍したら甘くなる？
○３６０．ｌｉｆｅ…目利きが通じない？スーパーの野菜選びの意外な秘密／「春と冬で全然違います』美味しいキャベツの目利きのコツ
○ｌｉｖｅｄｏｏｒ ＮＥＷＳ…焼き魚のふり塩は、味付けのためではない／ジャガイモは皮付きのまま水からゆでて
○ｃｏｏｋｐａｄ ｎｅｗｓ…煮物はなぜ冷めると味が染み込むのか／食パンに美しい「切れ目」を入れたいなら冷凍せよ！
○暮らしニスタ…玉ねぎのみじん切り。手早く粒揃いに切るには？／大根の煮物をやわらか＆味しみしみに仕上げる裏ワザ／冷凍ごはんのおいしい解凍の仕方は？／オクラを長持ちさせる超効果的な方法／なすは余ったらすぐに【まるごと冷凍】が正解⁉／コスト０円！ほうれん草を長持ちさせる意外な方法
○ウチコト…【いきなり焼くのはＮＧ⁉】食パンの焼き方をマスターして朝食がひと味変わる！
○オリーブオイルをひとまわし…鍋の噴きこぼれを防ぐ裏わざ！身の回りのもので簡単にできる
○ｋｕｒａｓｈｉｒｕ…かぼちゃを丸ごと切る
○大人んサー…「イカ」をレンジで温めたら、爆発するのはなぜ？ 防止策は？

青春新書
PLAYBOOKS
人生を自由自在に活動《プレイ》する

人生の活動源として

いま要求される新しい気運は、最も現実的な生々しい時代に吐息する大衆の活力と活動源である。

文明はすべてを合理化し、自主的精神はますます衰退に瀕し、自由は奪われようとしている今日、プレイブックスに課せられた役割と必要は広く新鮮な願いとなろう。

いわゆる知識人にもとめる書物は数多く窺うまでもない。

本刊行は、在来の観念類型を打破し、謂わば現代生活の機能に即する潤滑油として、逞しい生命を吹込もうとするものである。

われわれの現状は、埃りと騒音に紛れ、雑踏に苛まれ、あくせく追われる仕事に、日々の不安は健全な精神生活を妨げる圧迫感となり、まさに現実はストレス症状を呈している。

プレイブックスは、それらすべてのうっ積を吹きとばし、自由闊達な活動力を培養し、勇気と自信を生みだす最も楽しいシリーズたらんことを、われわれは鋭意貫かんとするものである。

―創始者のことば―　小澤和一

編者紹介
ホームライフ取材班
「暮らしをもっと楽しく！ もっと便利に！」をモットーに、日々取材を重ねているエキスパート集団。取材の対象は、料理、そうじ、片づけ、防犯など多岐にわたる。その取材力、情報網の広さには定評があり、インターネットではわからない、独自に集めたテクニックや話題を発信し続けている。

ゆで卵《たまご》の殻《から》を
ツルッとむく方法《ほうほう》

青春新書 PLAYBOOKS

2020年 8 月25日　第 1 刷

編　者　ホームライフ取材班《しゅざいはん》

発行者　小 澤 源 太 郎

責任編集　株式会社プライム涌光
電話　編集部　03(3203)2850

発行所　東京都新宿区若松町12番1号 〒162-0056　株式会社青春出版社
電話　営業部　03(3207)1916　振替番号　00190-7-98602

印刷・図書印刷　製本・フォーネット社

ISBN978-4-413-21168-0